追梦语文足迹

主　编　刘秀清
副主编　肖启荣　张红梅

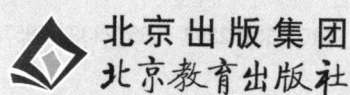

图书在版编目（CIP）数据

追梦语文足迹 / 刘秀清主编. —北京：北京教育出版社，2022.1

ISBN 978-7-5704-3946-1

Ⅰ.①追… Ⅱ.①刘… Ⅲ.①小学语文课—教学研究 Ⅳ.①G623.202

中国版本图书馆CIP数据核字（2021）第243876号

追梦语文足迹
刘秀清　主编

*

北京出版集团　出版
北京教育出版社
（北京北三环中路6号）
邮政编码：100120

网址：www.bph.com.cn
京版北教文化传媒股份有限公司总发行
全　国　各　地　书　店　经　销
廊坊市印艺阁数字科技有限公司

*

787 mm×1 092 mm　16开本　14.5印张　260千字
2022年1月第1版　2022年1月第1次印刷

ISBN 978-7-5704-3946-1
定价：38.00元

版权所有　翻印必究

质量监督电话：（010）58572393　58572332　58572750

编委会名单

主　编：刘秀清

副主编：肖启荣　张红梅

顾　问：张立军　李广生

编　委：左文慧　何　赛　王　轩　李书嘉　艾宁宁

　　　　李　冉　闫龙霞　何　悦　巩海凤　董光利

　　　　刘颖婷　田秀娟　关金如　施林超　李　峥

　　　　吴　瑞　韩　冬　焦紫然　张　艳　金大勇

　　　　许月辉　彭欣然　李丽红　黄敬霞

序　言

厚积薄发结硕果　蓄力前行守初心

一个人走，会走得很快；一群人走，会走得很远。刘秀清骨干教师工作室成立至今已有三年，三年来，大家抱团成长，一起向着春天的方向快乐前行。

工作室主持人刘秀清带领全体成员本着静下心来做点儿事情的初心，同心协力，砥砺前行，严格按照第五期名师工作室各项管理要求，以语文课堂教学实践为主阵地、行动研究为主要方式、教学质量提升为主要内容，以期在工作室结业之时，能为大家留下一些有纪念和指导意义的文字财富。

千百日夜，风霜雪雨，三度春秋，百炼集成。在各级领导的鼓励和支持下，在工作室成员的不断努力下，《追梦语文足迹》这本书终于在工作室即将结业之时完成。该书共有三个部分，不仅有凝结着语文教师新锐想法与实践的经验论文，也遴选了带有研究与反思意识的个性化课堂教学设计，更记录着工作室成员进步与提升的成长轨迹。

总的来说，出版此书的目的很单纯，一是对工作室成员三年研究的激励，希望以此辐射更多的教师自觉投身于教育教学研究，争取早日推出更丰富的研究成果；二是希望以此书抛砖引玉，让更多的教育同行，特别是小学语文教师提出宝贵意见和建议，助推小学语文教学向更高的目标迈进。

心中有梦，脚下有路，心怀感恩，砥砺前行。面对未来，工作室成员会坚守初心，在教育逐梦的道路上蓄力前行。

编者
2021 年 8 月

目 录

第一章 论文篇

2　语文课堂变革三部曲 / 北京市顺义区李桥中心小学校　刘秀清

6　指导低年级小学生掌握生字记忆方法策略研究
　　/ 北京市顺义区李桥中心小学　金大勇

9　准确把握单元特点，有效落实教学重点
　　/ 北京市顺义区李桥中心小学校　肖启荣

12　浅论统编教材背景下提升学生阅读能力的策略
　　/ 北京市顺义区李桥中心小学校　李书嘉

15　立足课堂　实现读写迁移 / 北京市顺义区裕龙小学　闫龙霞

20　在教学中培养三年级学生习作观察能力
　　/ 北京市顺义区李桥中心小学校　巩海凤

24　叩响日记之门，点燃写作火焰 / 北京市顺义区裕龙小学　关金如

27　小学生朗读能力培养的误区分析及策略思考
　　/ 北京市顺义区教育研究和教师研修中心　张红梅

31　巧借文本，有效引导课外阅读 / 北京市顺义区李桥中心小学校　田秀娟

35　精品阅读要讲"精" / 北京市顺义区后沙峪中心小学校　艾宁宁

37　让阅读真的发生 / 北京市顺义区李桥中心小学校　许月辉

40　浅谈传统文化与语文教学的融合 / 北京市顺义区李桥中心小学校　黄敬霞

44　"动"起来，更精彩 / 北京市顺义区李桥中心小学校　李丽红

第二章 设计篇

48	《荷叶圆圆》教学设计 / 首都师范大学附属顺义实验小学　左文慧
57	《玲玲的画》教学设计 / 北京市顺义区裕龙小学　韩冬
62	《彩色的梦》教学设计 / 北京市顺义区南法信中心小学校　李冉
69	《我是一只小虫子》教学设计 / 北京市顺义区建新小学　彭欣然
75	《蜜蜂》教学设计 / 首都师范大学附属顺义实验小学　刘颖婷
81	《蜜蜂》教学设计 / 北京市顺义区李桥中心小学校　刘秀清
87	《火烧云》教学设计 / 北京市顺义区李桥中心小学校　肖启荣
94	《军神》教学设计 / 北京市顺义区裕龙小学　施林超
99	《习作指导课——中药材的自述》教学设计
	/ 北京市顺义区李桥中心小学校　吴瑞
103	《习作指导课——介绍一种事物》教学设计
	/ 首都师范大学附属顺义实验小学　王轩
109	借助句式学推断，提升语言思维能力
	/ 北京市顺义区李桥中心小学校　何悦
127	创设真实语言情境，落实单元训练重点
	/ 北京市顺义区李桥中心小学校　李书嘉
142	浸润传统文化，提升表达能力 / 首都师范大学附属顺义实验小学　王轩
163	在诵读和想象中感受诗歌的美好 / 北京市顺义区李桥中心小学校　李峥
174	讲述神奇想象　传承优秀文化
	/ 首都师范大学附属顺义实验小学　左文慧

第三章　足迹篇

196　成长路上的"一十百千万" / 北京市顺义区李桥中心小学校　刘秀清

201　《中国教师报》伴我成长 / 北京市顺义区李桥中心小学校　刘秀清

203　向着明亮那方 / 北京市顺义区李桥中心小学校　肖启荣

207　壮年辛苦终身事，莫向光阴惰寸功

　　　 / 北京市顺义区李桥中心小学校　吴瑞

209　我的语文教学"三部曲" / 北京市顺义区李桥中心小学校　田秀娟

212　风雨兼程　一路向前 / 北京市顺义区李桥中心小学校　董光利

214　扬帆正启航　奋斗正当时 / 北京市顺义区李桥中心小学校　李书嘉

217　在工作中辛勤付出　在进取中超越自我

　　　 / 首都师范大学附属顺义实验小学　何赛

220　越努力　越有收获 / 北京市顺义区裕龙小学　关金如

第一章 论文篇

　　一篇篇内容丰富的研究论文，有的侧重教学思路，有的聚焦教学方法，有的突出教学中的某个具体环节，虽称不上鸿篇巨制，但却凝聚了刘秀清工作室每位成员辛勤付出、潜心研究的点点心血，展现了大家的认真与执着，折射出集体研究中的睿智与灵性。

语文课堂变革三部曲

北京市顺义区李桥中心小学校　刘秀清

摘要： 核心素养是一个人适应未来社会生存和发展必备的条件，就语文教育而言，提高核心素养关键在课堂。因而，以提升核心素养为核心，研究和探索适合新时期的语文学习方式，则具有十分重要的现实意义。遵循解决问题的一般规律，笔者对我校语文教学进行深入剖析，聚焦核心素养，提出改革措施。

核心素养是一个人适应未来社会发展必备的条件，就语文教育而言，提高核心素养，关键在课堂。因而，围绕提升核心素养，研究和探索适合新时期的语文学习方式，则具有十分重要的现实意义。

一、发现问题在先

为了更有针对性地制订新时期语文教学计划，笔者通过听教师常态课、与老师聊天，着手进行前测，发现我校语文课堂的突出问题如下：①教师总体讲得太多，少数老教师几乎"满堂灌"，教师的控制作用依然很强。②学生活动少，被动接受多，课堂气氛单调乏味，没有真正落实学生的主体地位，忽视了学生的态度、情感、价值观等方面的发展。③过分注重感悟理解，课文被剖析得支离破碎。重视朗读但不重视写作。把学科教学的价值定位于考试成绩的提高，习题难且"偏"。

可见，不同程度的陈旧教育观念严重阻碍教师的教学行为和效果，重视"双基"本身没有错，这是多年教学的传统方式，也是一种优势，但我们看到不少课堂气氛沉闷，方法简单，容量小，学习效果差，甚至无效。

二、原因分析随后

传统学习方式与新时期对语文核心素养以及培养新型人才的要求，日益发生尖锐的矛盾，具体表现如下。

（一）缺乏主体意识

学生是语文学习活动的主体，是教学过程能动的参与者。学生的"学"是不能被教师的"教"取代的活动。由于教师一味追求文化知识学习，追求进度，对于学生的学习行为影响和控制过多，学生缺少自主感知、自主理解，不能充分表达自己的观点。学生的想象力变得越来越弱，思维的闪光点逐渐消失。

（二）缺乏参与意识

杜威在《学校与社会》这本书中曾写道："一排排难看的课桌，按几何顺序挤着摆在一起，以便尽可能没有活动的余地，课桌几乎全都是一样的大小，桌面刚好放得下书籍、铅笔和纸，外加一张讲桌，几把椅子，光秃秃的墙，可能有几张图画……学生活动的余地非常少。"今天，这样的语文课堂依然是主角，学生在这样的课堂中往往会局限于被动听讲和记录，他们的理解、欣赏、评价等综合语文素养很难得到提升，难免会缺少个性化、缺少创新、缺少感动。

（三）缺乏问题意识

"学贵有疑"，学习其实是一个不断提出新问题、不断解决问题，再产生新问题的循环往复的过程，这才能促进学生思维的发展、创新能力的提升，这才是素质教育的真谛。但受传统教育思想的约束，不少学生认为老师说的都是对的，老师让我们做什么我们才能做什么。课堂上，老师不注重培养学生发现问题和提出问题的意识，不少教师依然把语文学习看成是解决问题的过程，让学习止于问题的解决。

（四）缺乏遵规意识

作为语文教师，要遵循语文本身的规律和学生学习的规律来教学。如：语文是汉语言文学，汉字是表意文字，应在语言情境的实践中学习语文，学生学习语文要充分进行听说读写的练习。

如果教师不遵循两大规律，语文课堂教学就不能达到理想的状态。教师教得很累，一节课说个不停，在备课上课、作业设计、培优补差等方面的大量投入与教学效果之间并不是正相关。学生学得很苦，语文素养却没有得到应有的发展。缺乏有思维深度、探究性强的语文学习活动，对话交流过少，不利于学生语文素养的全面提升。这样，会让孩子失去学习语文的兴趣，培养出来的学生多是"积累背诵型"，少有"才思敏捷型"，多是"继承型"，少有"创新型"。

三、主动变革跟进

学生学习方式的使用和选择，与教师的教学观、教师的智慧、教师的能力密不可分，为了实现学习方式的最优化，首先需要通过培训和学习等方式改变教师、提升教师。

（一）转变教师的传统教学观

教师的教学观直接影响教学方式的选择。学校努力为教师创造机会，请进来，走出去，不断对教师进行多领域全方面的业务培训。帮助和引领教师逐步树立以学生为主体的教学观，以生为本，因材施教，努力做到教为学服务；使教师具有改革创新意识，注重学生科学探究与创新实践精神的培养；引导教师关注学生的语文素养，能够全面正确地理解教育部发布的《义务教育语文课程标准》，能把课标精神贯彻到日常教学中。

（二）提升教师的实践智慧

教师教学的智慧，是敏锐的观察力、丰富的想象力、活跃的思维力的集中体现，教师的智慧影响教师的教学语言、教学行为、教学方法以及对课堂上突发事件的处理等。我们通过定期教研，开展语文观课、听课、评课活动，组织青年教师、成熟教师、骨干教师参加语文评优课等活动，促使教师对自己的教学行为进行经常性的反思，避免低水平的重复和无效的行动，提升教师智慧。通过提升智慧，让更多的教师能够别出心裁地创新教学方式，游刃有余地驾驭课堂，让语文课堂对学生充满吸引力。

（三）建构理想课堂模式

基于我校的发展目标和课堂学习现状，又结合我校教师的年龄结构、教学风格，我们最终选择让老师用适合自己的教学方式，同时引导学生运用适合自己的学习方式，进而创造出适合我校教师和学生发展的教育方式，努力做到"百花齐放、百家争鸣"。但不管什么方式，呈现的理想课堂样态和目标都应该是快乐语文、生本语文、高效语文、创新语文。

快乐语文：是从教师和学生的情感角度出发，关注课堂学习中学生的参与状态、情绪状态、交往状态，让教师和学生的体验和感受是快乐的，是幸福和愉悦的，课堂应是一段"生命的享受和狂欢"旅程，教师和学生应是兴奋的，是快乐的，课堂应是有情感和温度的。

生本语文：是从课堂的主体角度考虑的。众所周知，学生最主要的生命成长是通过学习或是课堂活动来实现的，因而，学习方式的研究要回归"学生"和"学习"本身。以生为本，就是要从学生出发，以学生的发展为前提，为学生的发展服务。要做到以生为本，教学活动就要真正实现由教师为中心向学生为中心转变，教师是学习活动的组织者，要把课堂还给学生，做到一切行为基于学生、为了学生,为学生发展服务。

高效语文:高效课堂具有容量大、学生收获多、学习效果好的特点。高效课堂要关注学习方式的效果与价值,也就是三维教学目标的落实情况,即知识与能力目标、过程与方法目标、情感态度和价值观目标在教学中的达成程度。通过当堂检验,目标达成度高,并且环节紧凑,"少花钱多干事干成事",那才是高效。

创新语文:创新课堂是从学生课堂生成角度考虑,学习方式的选择要关注学生课堂生成状态,做到既有教学目标,又有课堂有价值的生成,还有知识的拓展和延伸。突出发散,注重创新思维的培养和训练,课堂体现思维的深度和广度。

以上是我校的语文课堂变革三部曲,经历了这样的三个步骤,目前语文教学有了很大改变,正在阔步前进。

指导低年级小学生掌握生字记忆方法策略研究

北京市顺义区李桥中心小学校　金大勇

摘要：《义务教育语文课程标准》指出：识字、写字是阅读和写作的基础，是低年级的教学重点。有的学生到了中高年级，写起作文来错字连篇，使人读不明白他究竟要表达什么，归根结底是因为低年级识字的基础不牢固，没有掌握生字记忆方法。还有的学生语文成绩差，看看试卷就会发现，到处都是错别字。由此可见，掌握生字记忆的方法有多么重要。指导低年级学生掌握生字记忆方法的具体措施有：（一）认真写字是记忆生字的基础；（二）及时复习是记忆生字的保证；（三）激发识字兴趣是记忆生字的催化剂。

《义务教育语文课程标准》指出：识字、写字是阅读和写作的基础，是低年级的教学重点。有的学生到了中高年级，写起作文来错字连篇，使人读不明白他究竟要表达什么，归根结底是因为低年级识字的基础不牢固，没有掌握生字记忆方法。还有的学生语文成绩差，看看试卷就会发现，到处都是错别字。由此可见，掌握生字记忆的方法有多么重要。

一、认真写字是记忆生字的基础

班上有的学生字迹非常潦草，我根本看不清他在写什么；有的学生写字时经常缺一笔、少一笔；还有的学生把横折钩写成横折；等等。这主要是由于学生没有养成良好的书写习惯，对于字的基本结构掌握得不够扎实。我认为在识字教学中不光要让学生会写生字，更为重要的是让学生掌握字的间架结构，把字写得美观大方，为学生记忆生字打下一个坚实的基础。

1. 我在教学生写生字之前，会先教学生认识田字格：左上格、右上格、左下格、右下格、横中线、竖中线。这样有利于教习生字时师生之间进行交流。

2. 学生写字之前，我会引导学生认真观察教材里田字格中的生字，让学生说一说生字的每一笔在田字格中起笔和止笔的位置。

3. 最后，学生按自己观察到的把生字写出来。这时我总是在学生间巡视，发现写得好的学生，我会及时地表扬，发现字的结构掌握不好的学生，我会手把手地进行指导。

4. "评一评"这一环节也非常重要。主要采取同桌互评、集体评的方式。评价时我总是引导学生多说优点，因为这样可以提高学生写字的积极性。

5. 每节识字课都评出本节课的小书法家。

二、及时复习是记忆生字的保证

班上有的学生学习生字时记住了字形，但是如果过几天再让他写，他又不会写了。还有的孩子按顺序会写，打乱顺序就不会写。我们知道，记忆有短时的记忆和长时的记忆两种。输入的信息在经过学习后，便成为学生的短时的记忆。但是如果不及时复习，这些内容就会被遗忘，而经过及时复习，这些短时的记忆就会成为学生的长时的记忆。因此，组织学生及时有效地进行复习非常必要。

1. 在教生字时，我先有意识地引导学生复习与本课生字相关的熟字，用熟字作为部件来分析生字的字形。如：学习生字"菜"时，先出示以前学过的生字"采"，让学生说出字音并组词。然后给这个字加个草字头，让学生说出字音。这种记忆生字的方法也叫熟字加偏旁变新字。此外，还有换偏旁变新字，如给"怀"换个提土旁就是"坏"；加一笔变新字，如给"王"加一点就是"主"；减一笔变新字，如给"兔"减一点就是"免"。

2. 在听、说、读、写的练习中，尽可能地让生字反复出现，对已教过的生字，有意识地在和学生交流时运用，在交流的过程中，不断刺激、强化学生的记忆，巩固识字。我班的每位学生都有一个词语积累本，本上记录的是我们学过的每一课的每一个生字所组的词语；每学完一课的生字，我都会让学生用新学的字词说一两句完整的话，并写出来。

3. 复习要分散、多次进行。如：学习完一个单元的生字，我总是要和学生共同找一找本单元生字的形近字和同音字，并给这些字组词。

三、激发识字兴趣是记忆生字的催化剂

兴趣对人们的活动起着积极的作用，对小学生的学习更起着推动作用。兴趣是提高小学生学习积极性的一个最积极、最活跃的心理因素。我在教学中总是想方设法地调动学生学习生字和记忆生字的积极性，使他们对所学内容感兴趣。

1. 组织课堂游戏，活跃气氛，激发学生识字的兴趣。

我让学生在家长的帮助下制作生字卡片，并在课堂中组织学生玩游戏，学生抽出卡片，先读出字音，再组词，谁先把手中的汉字卡片出完，谁获胜。

2. 运用多种识字方法，调动学生识字的积极性。

（1）儿歌识字法：

如："一个王姑娘，一个白姑娘，坐在石头上——碧"；"没头就是早，早上长青草，牛羊见它乐，禾苗见它恼——草"。

（2）字谜识字法：

如："一口咬掉牛尾巴——告"；"牛走独木桥——生"。

（3）故事识字法：

如"休"，教学时可编成故事：一个人干活干累了靠在树上休息。

3. 运用多媒体手段，激发学生识字的兴趣。

每节课中间休息时，我会把孩子们自制的图文并茂的卡片在多媒体上进行展示。

经过一个学期的研究，我逐步摸索出一套适合低年级小学生使用的生字记忆方法，但对于班上的个别学生，作用不够明显。如有的学生写字总是不按正确的笔顺写，有的学生总是分不清同音字。在今后的研究中，我还要逐步探索出针对这部分学生行之有效的记忆生字的方法。在以前生字记忆方法的研究中，教师的主导地位比较明显，识字方法以教师的引导和总结为主。随着学生年级的升高和识字方法的逐渐积累，我要尝试着在识字教学过程中，让学生自己总结出识字方法，这样记忆效果会更好。

这个课题的研究时间较短，还有一些需要进一步深入研究的问题。在今后的工作中，我要进一步思考，进一步改革课堂教学，研究出更好的适合低年级学生的生字记忆方法。

准确把握单元特点，有效落实教学重点
——以习作单元精读课文的教学为例

北京市顺义区李桥中心小学校　肖启荣

摘要： 统编版语文教材自三年级起每册安排了"习作单元"，"习作单元"着眼于学生习作能力的培养，由"单元主题页""精读课文""交流平台""初试身手""习作例文""（单元）习作"六个板块组成。对于重要板块之一的"精读课文"，可以从"立足单元整体，明确教学定位""精心设计教学，助力能力形成"两个方面来发挥其重要作用，有效落实教学重点。

统编版小学语文教材自三年级起，每册教材独立编排了一个"习作单元"。"习作单元"着眼于学生习作能力的培养，由"单元主题页""精读课文""交流平台""初试身手""习作例文""（单元）习作"六个板块组成，呈现了由读到写、读写结合的习作序列化编排思路。各板块衔接紧密，循序渐进，环环相扣，在这样严谨螺旋上升的完整过程中，助力学生形成习作能力。对于重要板块之一的精读课文，该如何有效教学？如何实现"从阅读中学习表达"的功能定位呢？笔者以四年级习作单元《爬天都峰》一课为例，反思习作单元的精读课文教学，以求达到借写作的阅读素材引领学生发现、学习并掌握写作知识与表达方法的目的。

一、立足单元整体，明确教学定位

习作单元是集整个单元之力来提升某项习作关键能力的单元，每个板块承担着不同的教学任务，且环环相扣，螺旋上升。据此，教师在教学其中的"精读课文"板块时，要站在整个单元的角度来思考精读课文的教学定位。

（一）聚焦单元导语，"晓"任务

习作单元都是围绕着某项关键的习作能力编排的，教师在教学之前，首先要明确这项关键能力是什么，这一问题我们可以从"单元导语"中获得答案。以《爬天都峰》为例，此课位于四年级上册第五单元，"单元导语"提示单元语文要素有两个：一是了解作者是怎样把事情写清楚的；二是写一件事，把事情写清楚。前一个语文要素指向从阅读中学习表达，后一个语文要素则指向学生习作时要把一件事情叙述清楚。这两个任务，既是本单元学生所要形成的关键习作能力，又是教师教学本单元时的根本任务。

（二）聚焦单元板块，"明"职责

我们知道，习作单元的各个板块并不是孤立存在的，它们环环相扣，紧密联系。要准确把握"精读课文"的教学定位，还需对每个板块的教学职责做到心中有数，从而使"精读课文"的教学做到不缺位、不错位、不越位。那么各个板块的具体职责是什么呢？阅读相关资料，我们可以得知，习作单元的"精读课文"作用在于让学生从阅读中学习习作方法，"交流平台"的作用在于帮助学生梳理、总结从课文中学到的习作方法，"初试身手"是让学生初步尝试用学到的习作方法进行表达练习。"习作例文"为学生提供可资借鉴的习作范例，丰富表达方法。"（单元）习作"引导学生运用学到的习作方法进行习作实践，形成习作成果。由此可见，"精读课文"作为习作单元的重要板块，不但肩负着让学生从阅读中学习表达的重要使命，更是学生形成写作能力的重要支架。这部分教学职责发挥到位，后续板块教学才能顺利进行。

（三）聚焦课文特质，"理"重点

了解了单元任务和各板块的教学职责，是不是就可以确定每篇课文的教学重点了呢？答案是否定的。习作单元包含两篇精读课文，虽然两篇课文都是助推单元习作能力达成的优秀范例，但各具特色，所承担的教学任务亦不相同。因此，教师还需对两篇精读课文进行系统分析，厘清每一篇课文的教学重点。例如，四年级上册第五单元的两篇精读课文为《麻雀》《爬天都峰》。通过分析课文内容，可以发现，《麻雀》一文主要叙述了一只老麻雀在庞大的猎狗面前奋不顾身地保护小麻雀，使小麻雀免受伤害的动人故事。全文虽然不足四百字，却把事情起因、经过、结果交代得十分清楚，且叙述生动，扣人心弦。《爬天都峰》一文写的是爸爸带"我"去爬天都峰，"我"和一位不相识的老爷爷相互鼓励，一起爬上又高又陡的天都峰的事。课文按照爬天都峰的过程一步步叙述，读来明白晓畅。结合单元任务、各板块的职责，以及两篇课文的特质，我们可以发现，两篇课文虽然都要围绕"写清楚"展开教学，但是侧重点应有所不同。《麻雀》重在学习通过叙述起因、经过、结果把事情叙述清楚，在写具体内容时，不只写看到的，还写听到的和想到的。《爬天都峰》重在学习把一件事情写清楚，必须注意顺序，且通过叙述怎么想、怎么说、怎么做把过程写清楚。教师在教学时对两篇课文的教学侧重点熟记于心，在教学过程中有的放矢，才能充分发挥"精读课文"的教学作用，助推学生习作能力的形成。

二、精心设计教学，助力能力形成

传统阅读教学承担着多重任务，如识字写字能力的提升、阅读素养的提升、写作素养的提升、情感态度价值观的建构等。而习作单元"精读课文"的教学设计，一方面要注意其在教学中所处的特殊位置，另一方面要注意阅读教学属性不能改变。教师在教学中可以从制定精准的教学目标、精心设计教学过程两个方面着手，落实习作单元"精读课文"的教学职责。

（一）精准制定教学目标，减少旁逸斜出

教学目标就如同旅行者的目的地，射箭者瞄准的靶心，是教师实施教学前重要的一步，也是关键一步。就《爬天都峰》一课而言，综合对单元任务、板块职责、课文的特质几个方面的思考，确立教学核心目标为：知道可以按事情的发展顺序写事，把事情的起因、经过、结果交代清楚；知道可以把看到的、听到的、想到的写下来，清楚展现事情发展过程中的重要内容。课文教学所承担的识字任务等不应该作为教学重点。

（二）精心设计教学过程，落实重难点

习作单元在编排形式上、内容上的创新，对课堂教学形态提出了新的要求。如何开发好"精读课文"的核心价值？这需要我们充分考虑其特殊性，结合实际情况，精心设计教学过程。

习作单元"精读课文"的教学，因在形成习作关键能力的大目标下，每篇课文的教学重难点也相对突出，与主要任务无关的教学活动将被淡化或取消，这就要求教师在教学时要简洁、集中。以《爬天都峰》为例，在教学时，可以按照如下板块进行教学，帮助学生学习课文的写法：①借助课题，猜读内容。旨在引导学生站在作者角度，进行思考。②初读课文，厘清文脉。旨在通过阅读让学生发现作者写作顺序。③品读爬山过程，探究写法。旨在引导学生通过分析爬山前、爬山时、爬山后的内容，发现每个部分的表达特点，学习写法。④总结明"道"，迁移写法。旨在引导学生初步尝试运用所学方法。这样教学板块清晰、简洁，完全围绕单元核心任务展开，重点突出，可以有效帮助学生形成习作能力。

综上所述，教师在习作单元的"精读课文"教学，可以立足单元角度，明确其教学功能，然后精心设计学习活动来落实教学重难点，最大限度地发挥习作单元"精读课文"独特的教学价值，切实地引导学生从阅读中学习写作，从而培养学生习作能力。

浅论统编教材背景下提升学生阅读能力的策略

北京市顺义区李桥中心小学校　李书嘉

摘要： 阅读是学生学习的重要内容。教师引导学生在课堂上拓展，增加学生课堂的阅读总量，拓宽学生的知识面。再把拓展内容与统编教材双线教学结合，让学生情感更加丰富，所学的文章内容、知识网络更加系统。

想要学好语文，最重要的就是阅读。而阅读往往是摆在学生面前的一座大山，很多学生会因为阅读而对语文学习"望而却步"。随着统编教材的使用，结合当前的阅读理念，我们在平时的语文教学中，如何把阅读与语文课堂结合？如何创设阅读氛围，激发学习兴趣？如何丰富学生情感体验，加强读悟结合？这一系列的问题值得我们深思。

自课改以来，我们越来越重视让学生进行有效的课内拓展和有效的课外阅读。以往40分钟的语文课堂，教师总是在讲台上不停地讲，学生坐在座位上被动地听，一节课下来，效果并不好。时间长了，学生对语文学习越来越没有兴趣，教师也疲于这种教学模式，没了激情。而以课标的理论为指导所开拓的语文课堂教学改革——"一带一""一带N"这种全新的阅读方式，能帮助学生养成阅读习惯，不仅加大了学生阅读量，提高了学生课堂学习效率，更有效培养和提升了学生的阅读与表达能力。

在平时的教学中，我会依据不同年级学生特点，选取适合该年段学生阅读的文章作为拓展，但我所选用的文章可能会出现并不适合本篇课文拓展的情况。花费很多精力在选材上，真的很浪费时间。就在一筹莫展之际，我们开始使用《精品阅读》。这里面的文章是非常适合相应年级学生阅读的，而且也和现阶段统编教材一致，都是以与本单元或本篇课文相同的主题或题材为阅读拓展点，根据每篇教材的主题或题材来选定课外拓展阅读的内容。它很好地处理了课内课外相结合的问题，有效地提升了学生的基础技能。

有了好的素材，如何切实地用好《精品阅读》？我首先考虑把重点放在结合《精品阅读》落实语文双线教学上。在拓展过程中，选择适当内容让学生阅读，引导学生关注表达方法，体会情感；再联系课后题，解读文本。这样既能解决学生"怕阅读"的难题，又能达到与统编教材双线教学互促的目的，助力学生语文素养的整体提升。

　　《义务教育语文课程标准》指出："阅读教学是学生、老师、文本之间对话的过程。"抓住这三者之间的关系，是重点。正所谓"一千个读者就有一千个哈姆雷特"，阅读教学真正的意义就在于引导学生与文本对话，体会作者情感的表达，感受作者内心的真情流露，最后形成自己丰富的精神世界。例如：统编教材二年级上册第四单元，立足单元整体，让学生通过学习课文内容产生对祖国大好河山的热爱。基于这一人文主题，在讲《黄山奇石》一课时，我先让学生学习了文本的内容，了解黄山的风景秀丽神奇，初步体会作者想要表达的感情，激发学生热爱家乡的情感和认识家乡的渴望。再用《精品阅读》中《阿里山的美》作为课内的拓展，两篇文章文体相似，内容都是介绍祖国辽阔、风景壮美。其目的就是让学生在课堂上对于这一人文主题进行情感上的升华，在阅读中体悟，更深一层次感受到祖国的大好河山。

　　下面再谈谈我是怎样结合《精品阅读》落实书中单元语文要素的。我重点以教材的课后第二题和第三题为切入点，设计了拓展阅读的课堂练习内容。先来说一说课后的第三题，教材中给出了四组词语，让学生从中选择几个词，夸夸某处景物。在磨课的过程中，我发现这道题对于二年级的学生来讲，确实有难度，他们会出现说不上来，无从下手的情况。所以我没有在解读教材时出示这道题目，而是把它放在后面的拓展阅读中。在课堂上我先让学生对《阿里山的美》进行阅读，初步感受阿里山的壮美，再让学生从课后第三题中选几个词说一说阿里山。直接说某处景物，学生可能没有架构起生活和知识点之间的联系。设计由说阿里山再转到说某处景物，这样做降低了题目本身的难度，也让学生有入手点。

　　由此也获得一些启示：我们在平时的语文教学中，如果遇到不好理解、难度比较大的题目，可以先给学生搭出一个台阶，这样做既能打开学生思路，又能让拓展阅读发挥出本身的作用。

　　再说课后第二题，是让学生用"好像""真像"说说图片上面的石头。在拓展之前，我已经让学生进行了系统的学习，但总感觉光练"石头"略显不足。所以在后面拓展《阿里山的美》，就是再次落实这一语文要素。我先让学生在文章中找到相似的句子，锻炼学生提取信息的能力。再让学生照样子说一说"阿里山的神木"，鼓励学生用"好像""真像"或"像"说一句话。这时候学生呈现在课堂上的，就比之前的思路要开阔很多。学生们的奇思妙想也让我感受到，他们是真的融入当时的场景中，做到了与文本对话，与生活相连。

这节课上完我感受到，我们要把手中的资料内化为学生所需要的，根据不同班级的情况，可以进行适当的调整。在教学中把课文中的语文要素和人文主题与《精品阅读》的文章结合，不仅提高了阅读效率，加深学生对课文的理解，还让学生在拓展中获得知识和能力，并更好地运用于课堂学习中。这二者相辅相成，真正提高学生的语文素养，实现了新语文课程的目标。

这节课也让我认识到，我们在用好《精品阅读》的同时还要注意以下几点。首先，课堂阅读的目的要明确，有切实可行的模式指导，不只是停留在让学生读的层面上。重要的是能找准课内外阅读有效融合的切入点，提升学生的语文核心素养。其次，要让学生喜欢阅读，能感受到阅读的乐趣。在平时的语文教学中注重学生语言的积累、感悟和运用，注重基本技能的训练，给学生打下扎实的语文基础。最后，培养学生对语文学习的自信心和良好习惯，帮助学生掌握最基本的阅读学习方法，同时注重开发学生的创造潜能，促进学生持续发展。

总之，能够用好统编教材和配套的《精品阅读》，让二者有效地融合，我们在语文教学上会事半功倍。全新的阅读教学给了我们挑战，同样也给了我们机会，让我们把握住机会，突破旧的教学模式，开创新的语文课堂教学形态。

立足课堂　实现读写迁移

北京市顺义区裕龙小学　闫龙霞

摘要：语文教学的主要任务是培养学生阅读和写作的能力，读是写的基础，写是读的运用，两者是相辅相成、互相联系的。《义务教育语文课程标准》指出："作文教学要与阅读教学密切配合。""在作文教学中，要引导学生把从阅读中学到的基本功，运用到自己的作文中去。"叶圣陶先生说得好："阅读是吸收，写作是倾吐。"这就明确地告诉我们：阅读是作文的基础，阅读好像蜜蜂采花，作文好像蜜蜂酿蜜。可见，读和写是相辅相成的，犹如一对孪生兄弟。

中国传统文化是中华民族在数千年的历史创造和演变中积淀下来的灿烂文化，它所蕴含的思维方式、道德观念、价值取向、行为准则和风俗习惯等具有强烈的历史性和民族性。从某种意义上说，传统文化直接影响着一个民族的生活方式和思维方式，负载着一个民族的价值取向与自我认同，因而传承与发展民族传统文化，具有十分重要的历史意义和现实意义。

语文教学的主要任务是培养学生阅读和写作的能力，读是写的基础，写是读的运用，两者是相辅相成、互相联系的。《义务教育语文课程标准》指出："作文教学要与阅读教学密切配合。""在作文教学中，要引导学生把从阅读中学到的基本功，运用到自己的作文中去。"叶圣陶先生说得好："阅读是吸收，写作是倾吐。"这就明确地告诉我们：阅读是作文的基础，阅读好像蜜蜂采花，作文好像蜜蜂酿蜜。可见，读和写是相辅相成的，犹如一对孪生兄弟。

在阅读教学中，针对学生特点，充分运用教材，设计小练笔，促进读写结合，是提高学生自主作文能力的好办法。现结合教学实际谈点儿粗浅认识。

一、发现典型处，设计仿写训练

那么，什么是读写结合中的仿写呢？写作理论告诉我们，所谓仿写，就是作文者模仿某些范文的立意、构思、布局谋篇或表现手法进行作文的一种写作方法，可分为全仿和点仿。

全仿是从整体上模仿范文作文的方式。如《我的战友邱少云》第 2 自然段中，"我发现前面 60 多米就是敌人的前沿阵地，不但可以看见铁丝网和胸墙，还可以看见地堡和火力点，甚至连敌人讲话都听得见。"这层层递进的长句，严密合理，由看到的大物体"铁丝网和胸墙"到发现小目标"地堡和火力点"，由视觉到听觉，合乎逻辑，句子位置不能变动。学生通过朗读交流，深切地体会到了潜伏部队所处的险境，也真切地领悟到战士们潜伏时必须纹丝不动的原因。接着让学生用这关联词语"不但，还…甚至"模仿着写一写。这样，读与写有机结合起来，达到篇与篇之间读写迁移的目的。

点仿是局部模仿范文的作文方式。局部模仿，内容较多，范文较广，它是训练学生作文基本功的一种有效方法，主要包括句式表达、段落构成、开头结尾、过渡照应、抒情联想、描写议论等。但应指出的是，不是课文中的每一个片断都可以作为仿写训练的材料，而是需要精心地选择那些具有明显特征的片断，进行仿写练习。换句话说，要精心指导学生学习、分析范文，找准和把握仿写之"点"。这仿写之"点"，就是范文中将被模仿的地方。因为一篇文章或一段话，可仿之"点"很多，需要研究的问题也很多。哪些该仿，哪些不该仿，模仿哪些"特点"，怎样模仿，等等，都需要教师细细指点。例如有些课文中的片断，或是总起分述段，或是分述总结段，或是空间叙述清楚，或是细节描写形象……像这样在写法上独具特点的片断，就可以作为读写结合的"点"进行仿写。

根据小学生思维发展的特点，我在阅读课上会尽量选择一些构段方式较典型的段落给学生分析，并让他们"依葫芦画瓢"进行仿写。如《猫》第一自然段，先用一句话概括"猫的性格实在有些古怪"，接着从猫的动作、神态等方面进行分述，实际上就是用了总—分的写法。分析完段落，让学生理解了课文内容，了解了段落结构特点后，我又组织学生观察鹦鹉，指导学生仿照这样的结构特点进行写段的训练。之后，我又扩展学生的思维，让他们运用此法去写任何一种他们喜欢的小动物，不仅要把小动物的外形、性格、特点等写具体，还要在字里行间流露出对小动物的喜爱之情。为此，我设计了一个提示填空。

我家的鹦鹉可爱极了。_____。

我家的_____真_____啊！_____。

在语文课文中，还有很多典型构段形式，有总—分—总结构的，有分—总结构的，还有的是中间过渡段，遇到这些典型处，我都会及时地引导学生"画瓢"，甚至遇到一些典型句式，我也会引导学生说上一两句。例如：我们学习了部编六上第二单元，我要求学生运用"当……依然……""当……早已……"这两个比较典型的句式练习造句。考虑到学生的实际能力，我就随即设计了这么一个练习。

当我们举家团圆共庆中秋的时候，解放军战士依然_____。

当我还在暖暖的被窝里熟睡的时候，妈妈早已_____。

这样有步骤的从读到写的训练，有效地促成了学生形成认知结构和能力结构，使得学生写作文"有章可循""有法可依"。

二、寻觅对话处，增加写的训练

人物的语言反映了人物的内心世界，如果在人物的语言前加上适当的提示语，那就是给读者开一扇探索人物内心世界的窗口。我在教学中有意识地寻找"窗口"，帮助学生理解课文。教学《草船借箭》，在分析周瑜故意要诸葛亮立下军令状，而诸葛亮不动声色与周瑜斗智斗勇的对话时，我增加了这样的练习：

周瑜_____说："……"

诸葛亮_____说："……"

学生通过此项练习了解了周瑜阴险狡诈、诸葛亮顾全大局的不同性格，从而加深了对课文内容的理解。

再如部编教材第九册第6课《将相和》一文，它主要讲了三个小故事，每个小故事我都安排了训练重点：第一个小故事——完璧归赵，我主要让学生演（学生事先写好剧本），学生通过排课本剧，在表演的过程进入到角色中去，就感受到了人物的性格特点；第二个小故事——渑池之会，我采取了"说"的形式（学生事先写好自己要说的内容），让学生把课本中的语言转变成自己的语言，这既促进了学生对人物形象的揣摩，又实现了读写结合；第三个小故事——负荆请罪，因为这个小故事没有廉颇向蔺相如请罪时二人的对话描写，所以我就鼓励学生展开合理想象，想象廉颇向蔺相如请罪时会说些什么，蔺相如听了廉颇的话又会怎样劝慰廉颇呢？

一篇课文，三个故事，采用不同的教学形式，根据它们的特点寻觅到了学生练习说话、写话的关键之处。学生通过这样一系列练习不但了解了廉颇知错就改，蔺相如机智勇敢、顾全大局的不同性格特点，而且还产生了解历史故事的兴趣。

三、延伸课文情节，转化内在语言

我们的教材中有不少课文的结尾言虽尽，意未穷，此时，指导学生顺着作者的思路进行练笔，延伸课文情节。如《穷人》全文讲完后，教师即时提出：①渔夫看见西蒙的两个孩子后，他的语言、动作、表情是怎样的？②第二天，孩子醒来后，发现妈妈不在身边，两个孩子有什么反应？③桑娜和他的丈夫是怎样关心照顾两个孩子的？④两个孩子长大后会怎样对待桑娜夫妇？围绕这四个问题，学生展开想象，当堂练笔。

还有一些课文内容作者仅用简短的词句带过，具体内涵要由读者去领会。我们可以让学生展开想象，通过练笔把它还原成具体可感、触手可及的鲜明形象，以便学生从另一个侧面深化对课文的感情和理解。如《詹天佑》课文里有一句话："消息一传出来，全国都轰动了，大家说这一回咱们可争了一口气。"其中"轰动"一词比较概括和抽象，我们可以这样引导："轰动"是一种什么样的场面？如果你置身于这一场面之中，能具体描述出"轰动"的情景吗？学生这样描述：消息一传出，顿时，大街上彩旗飞扬，歌声震天，人们奔走相告，欢呼雀跃……

四、抓住重点，课中做批注

做批注是读写结合最随意的形式，一边读一边在有所感有所想有所思处写上批注，便于读完后整理自己的思路。这既是一种读书方式，也是一种学习、工作的能力。此时读是在理解、比较、质疑、联想、创造中读，是较高层次的读，批注则是充满思辨的写。如部编版教材第十一册12课《桥》，是一篇小说，塑造了一位党支书在山洪爆发式舍己为人、不徇私情的光辉形象。因为学生们比较感兴趣，所以用了两节课细细品读，最后，我们在书中做批注，感受老支书的舍己为人、不徇私情的高尚情操。

五、利用空白之处续写

课文中，有些句子后面留有空白，可以引导学生发挥想象，在后面续写，同时对学生的理解能力也是一个考查。有的课文结尾余意未尽，留给读者想象的续写空间，例如部编版第十一册13课《穷人》，在教学时孩子们都会可怜那两个孤儿，都对桑娜和渔夫不顾自己生活艰苦也要收养这两个孩子的举动感到敬佩。此时我抓住契机，问学生："若干年之后，两个孤儿知道了自己的身世，他们会怎么想，怎么做呢？续写二十年后这几个孩子的故事吧，看谁是最有想象力的'小作家'"。

文中留下的空白，留给了孩子想象的空间，激发了学生创作的潜能，从而也加深了他们对课文内容的理解。

六、课内外相结合——读书笔记伴我成长

读写结合应以提高学生自主作文能力为目标。因此,必须把课文教学引申到课外,与相关的生活和课外阅读有机地联系起来,让学生用自己的课外阅读、生活经历来充实课文教学,使我们的阅读教学更加灵动而丰满。小学生好表现,在开始阅读后总想把感想、体会表达出来。教师应经常组织学生开展课外阅读交流会,范围不限,形式不拘一格。可以互相交换、浏览积累的材料,可以讲故事、演讲或编排课本剧,也可以谈心、谈体会,让学生切实感受到看书的益处,在快乐中交流,在愉悦中成长,从而保持良好的课外阅读态势。

在辅导学生课外阅读时,我坚持读写周周练,每个学生都有经过个性化装饰的专用本——《读书笔记伴我成长》,统一了四个板块:优词佳句——作摘录;三言两语——概括作品内容或评价;心语香——说心里话;小练笔——或规定题目,或自主创作。

《读书笔记伴我成长》是学生的"作品集"和"读书记",激发了学生的阅读兴趣、积累兴趣、"写作"兴趣。实践证明,这种读和写的结合,能养成学生良好的"阅读"和"写作"习惯。

俗话说:冰冻三尺,非一日之寒。只有大量读写、读写结合才是作文教学的根本出路,而科学有效的读写结合又是根本之根本。只有这样,学生才会不断地从阅读中汲取写作的养料,作文意识才会不断加强,学生写作才会由被动到主动,由"怕文"到"乐文"。

通过以上几种方法进行教学,充分发挥了学生学习作文的主动性,培养了学生写作兴趣,调动了学生写作的积极性和自觉性,培养了学生勤于思考、乐于动笔、勇于探索的品质以及提出问题、分析问题、解决问题的能力,使学生逐步形成自主作文能力。诚然,迁移与拓展在语文课堂教学中具有一定的神奇美妙功能,但我们必须联系学生的学习实际,围绕课本进行科学有效的迁移与拓展,做到迁移有据、拓展有度,切忌漫无目的、任意发挥。

在教学中培养三年级学生习作观察能力

北京市顺义区李桥中心小学校　巩海凤

摘要：课上，依托教材使学生习得观察方法；课下，指导学生运用观察方法开展观察活动；习作中，引导学生说真话、抒真情、表达观察所得；习作后，教师面批习作，进一步提升学生习作观察能力。

习作教学一直是语文教学的难点。为突破这个难点，部编语文教材从三年级上册开始，每册都安排习作单元，为学生学好习作搭建了台阶。三年级上册第五单元是以"观察"为主题的习作单元。在教学中，我结合语文课标，依托教材，努力培养学生的习作观察能力。

一、课上习得观察方法

《语文课程标准》指出：中年级习作的首要目标是"留心周围事物，乐于书面表达，增强习作的自信心"。三年级上册的习作教学重点是"留心周围事物，仔细观察，把观察所得写下来"。为落实这一重点，三年级上册教材编排了以"观察为主题"的习作单元，目的就是教给学生观察方法，培养学生观察能力。

课堂是教学的主阵地，教师要切实抓好习作单元的教学，让学生在课堂上习得观察方法。《搭船的鸟》是习作单元第一篇精读课文。在教学中，我借助"观察记录单"让学生填写观察的对象、时间、地点和观察所得，通过品读描写翠鸟的语句，了解作者对翠鸟外形、动作所做的观察，感受作者观察的细致，初步体会留心观察的好处。在教学翠鸟捕鱼的过程中，我让学生聚焦动词"冲、飞、衔、站、吞"，而后播放翠鸟捕食的视频，让学生感受翠鸟捕鱼动作的敏捷，体会观察的细致。在体会留心观察的好处时，我提出这样的问题让学生思考："作者这次旅行是专门去看翠鸟吗？他为什么能把偶然遇到的翠鸟写得如此生动可爱？"引导学生明白这是一次平常的探亲之旅，并非为看翠鸟而去，因为作者留心观察，才能把翠鸟写得如此生动可爱。以此教育学生留心观察周围事物，积累习作素材，从而写出好作文。课堂上，学生感悟到留心观察的好处，同时学习了细致观察的方法，语文课堂也充分发挥了主阵地的作用。

二、课下运用观察方法

《语文课程标准》对中年级语文综合性学习提出这样的要求："能在老师指导下组织有趣味的语文活动，在活动中学习语文。"毋庸置疑，习作观察活动就是有趣的语文活动。我结合教材内容，选择适合学生观察的事物，在学生观察的过程中予以适当指导，让学生把在课堂上学到的观察方法用到自己的观察活动中。

怎样让观察活动变得更有趣呢？教材在《金色的草地》课后题中，安排了观察植物变化的学习内容。为此我指导学生在花盆里种植小蒜苗，开展"我与小蒜共成长"的观察活动。这项活动极大激发了学生的观察兴趣，有的学生还把自己种的小蒜苗放到教室的窗台上。我利用早上、课间、中午的零散时间随时随地指导学生观察并记录小蒜苗的生长变化。每到课间，窗台旁就成了学生的乐园，他们看着说着笑着……显然，观察小蒜苗已经成为他们的乐趣。观察记录单的内容更让我欣喜。

"今天，我发现小蒜的头顶冒出小芽，小芽周围有点变紫，它脚下的根比昨天长了一些。"学生们观察得多细致啊！"蒜瓣发芽过程中颜色会变紫"，很多成人都没有注意过。

"今天我给小蒜量身高，它已经5厘米了，比三天前长高了1厘米，它长得可真快，要是我也能长这么快就好了！"学生们不仅记录了蒜苗的生长过程，还写出了自己的感受。

"今天放学，我要赶快回家，小蒜苗还等着我浇水呢！"学生早已把小蒜苗当成了自己的好朋友。

……

在这项观察活动之后，我还组织学生开展"自己喜爱的小动物""学校的葡萄架""东郊湿地公园"等观察活动。每一次观察，孩子们都觉得乐趣无穷。这种乐趣从课上到课下，从学校到家里，从留心观察到细致观察，一直延续。那一双双闪亮的眼睛告诉我，他们发现了习作的乐趣。事实证明，教师做好课下观察活动，不仅能激发学生习作的兴趣，更能培养学生细致观察的能力。

三、习作中表达观察所得

叶圣陶先生主张"我手写我心"。观察的最终目的是表达，让学生用书面语言表达出自己的观察所得是习作的难点。作为教师应把握好评价标准，在学生习作的过程中保护他们的观察兴趣，引导他们"说真话、抒真情"。我曾经让学生观察学校的葡萄架，并记录自己的观察所得。令我没想到的是，竟出现了以下两种写法。

在学校的东北角，有一个茂密的葡萄架。翠绿的葡萄叶遮住了阳光。葡萄架上挂满了葡萄，一大串一大串的，有紫色的，有绿色的，还有红色的……真是五光十色，美丽极了。

在我们学校的东北角有一个葡萄架。由于缺水缺肥，葡萄叶子已经发黄，有的叶子早就干枯落了下来。我很希望它能长出许多大葡萄，但实际上，一串葡萄也没结。虽然前些日子也长出了一串串绿色的"小豆豆"，但早就"化"掉了。

当我问哪一段写得好时，大部分学生都认为第一段写得好。在学生的心目中写得美才是好作文。我及时纠正了学生的偏差，告诉他们写出自己真实的观察所得的才是好作文。我们学校的葡萄架就是叶子枯黄，没有结葡萄。第一段虽然写得美，但只是把以前学的好词好句用上了，并不是自己的观察所得。写作文一定要说真话、写真情。在这之后，我又让学生观察了东郊湿地公园，写了习作《这儿真美》。这一次，学生们都写了自己的真实观察所得，语言朴实，情感真挚。至此，他们也懂得了表达时要写真话，写自己真实的观察所得。

四、修改习作中提升观察能力

《语文课程标准》指出："重视引导学生在自我修改和相互修改的过程中提高写作能力。"好文章是改出来的，对于初学习作的三年级学生而言，修改习作是重要的习作教学环节。那么，如何在修改习作的过程中提高学生的观察力？根据多年的教学经验，"面批作文"成为我习作教学的"法宝"。面批作文不仅有利于学生修改习作，更有利于提升学生习作的观察力。

下面是学生习作《这儿真美》中的一个自然段：

公园里有很多树，树林里有很多野花，树上有很多小鸟。

在面批作文时我启发学生：你今天放学后再去公园看看，公园里都有什么树？可以仿照《海滨小城》第四自然段或《美丽的小兴安岭》第一自然段写树多。你再走进树林的草地看看，这个季节还有多少野花？都是什么颜色的？花的名字是什么？花瓣又是什么形状？从哪儿可以看出鸟多？你看看《富饶的西沙群岛》第五自然段怎样写鸟多？面对我具体细致的指导，学生立刻明白应该怎样细致观察。经再次观察修改后，作文呈现为：

东郊湿地公园有很多树，有数不清的杨树、柳树、枫树……秋风吹来，红的、黄的、绿的树叶飘落下来。地上铺满了厚厚的树叶。有些树的叶子落光了，露出许多鸟窝，鸟窝搭在高高的树杈上，谁也够不着。我看不到很多小鸟，但走近芦苇丛却能听到许多鸟儿在叫，我这才发现小鸟是那么聪明，它们远远地躲开我们，一定是怕人类伤害它们。树林里的野花大都凋谢了，在路边和落叶丛中偶尔还能看到菊花，有人工种植的多层花瓣的黄色菊花，也有单层花瓣的白色、紫色野菊花。它们一点儿也不怕冷，这不禁让我想起了新学的古诗："荷叶已无擎雨盖，菊残犹有傲霜枝。"

如果不是进行面对面的批改交流，只在作文后面写几句评语，这位学生根本不会修改作文。面批作文用到更多的是口头评价，教师能与学生面对面逐字逐句地交流习作，能够最大限度指导学生，学生也能听明白。面批作文对教师而言，时间和精力都是挑战。教师可以预先做好计划，每次习作部分面批，两三次习作下来也可以将全班学生全部面批一次。对于学生而言，面批作文的收获远大于写评语，这能够真正促使学生细致观察，提高学生的观察能力。

三年级上册中"习作单元"所学的观察方法，并非只是本册书的训练重点，学完之后可以高枕无忧。教师要以此为起点，逐步培养学生观察的习惯，并在今后的习作中反复练习，需要一个很长的过程才能提高学生习作的观察能力。

叩响日记之门，点燃写作火焰

北京市顺义区裕龙小学　关金如

摘要： 日记是一种文体，是属于记叙文性质的应用文。写好日记是打开儿童写作之门、激活儿童写作情趣的"敲门砖"。想让孩子写好日记，要先让孩子知道写日记的好处。虽起步低，但入门很重要，还要有良好的方法引领。本文介绍了观察日记、生活日记、读书日记、日记"美颜"几种日记形式。当然日记形式远不止这些，还有想象日记、图画日记、书信日记、写诗日记等。

日记是用来记录其内容的载体，作为一种文体，属于记叙文性质的应用文。日记来源于我们对生活的观察，内容很广泛，可以记事，可以写人，可以状物，可以写景，也可以记述活动，凡是在一天中所看、所听、所想都可以是日记的内容。日记比较随性，可长、可短。因此提高学生的写作能力，写好日记是一座坚实的桥，它会把孩子们引向更加明媚的彼岸。

一、日记好处要揭晓

其实让孩子们坚持写好日记不是一件容易的事，所以我们一定要让孩子们知晓写日记的好处。心中有目标，脚下才会有力量。写日记的好处有：锻炼和提高写作能力；记录生活中的点滴，让生活中的小事成为美好的回忆；写出自己心里想说的话，把它作为人生的起点；在日记本上摘抄经典的语句，可以帮助学生写作；在日记上记录名言可以激励人生、改变命运，从而实现梦想；若干年后，可以拿出来回味自己的童年生活……

二、起步低，入门更重要

刚开始写日记时，培养孩子写日记的兴趣非常重要，老师最好能做到零要求。只要孩子愿意尝试，哪怕句子写得不通顺，甚至字迹不够清晰，都没有关系。良好的起步，便是最好的开端。

写日记要先从写好一句话开始,然后再写几句话,写一段话,写几段话。刚开始时日记不一定天天写,也可以写周记,不让孩子有负担。孩子进步时,给予夸奖。其实,在坚持写的过程中,一周或者是一个月,孩子都会或多或少有相对的进步。懂得运用的词语多了,表达更生动了……不管是哪一种,孩子在主观上不一定能发觉。但是只要教师给予细节上的肯定与表扬,孩子就会有坚持的动力。

三、良好方法引方向

贝尔特认为,良好的方法能使我们更好地运用天赋的才能,而拙劣的方法则可能阻碍才能的发挥。在小学生学文的起步阶段,及时给予一定的方法指导,是必要的。

(一)日记格式

当孩子初次接触日记时,熟练准确地掌握日记格式,还是有困难的。如日记第一行的日期、天气情况的书写问题:2020年2月15日 星期六 雪。首先,是数字的占格问题,开头的年份"2020"孩子们容易写得比较拥挤,不美观,应该每两位数字占一个格,2020前面的"20"占一个格,后面的"20"占一个格,"年"字单独占一个格。其次,是天气情况的表达问题。像下雪就写"雪",出太阳写"晴",天气情况只需要简单地记录。日记中有时需要分好自然段,每个自然段前空两格,学生常会出问题。为了能让孩子们快而准确地掌握日记的书写格式,我编写了小儿歌"日记格式要记牢,首行数字不拥挤,两个数字一格站,天气表达阴雪晴,段落开头空两格"。有了这首儿歌,再让孩子们反复训练,日记格式的问题迎刃而解了。

(二)经典导读

书籍,就像一支火把,能够一下子照亮儿童的心灵;书籍就像温润的土壤,让儿童心灵的种子浸润其中,会生根发芽,蓬勃成长。法布尔每天细心观察小虫子,写出了《昆虫记》。杨红樱喜欢小猫,对猫细心观察,写出了《笑猫日记》。雷锋坚持每天把自己学习、做的事情写在日记上。从他的日记中,我们看到了他平凡而又伟大的一生。《雷锋日记》对于后人来说,具有重要作用,它可以让我们了解60多年前的人是怎么想怎么做。阅读这些书籍会让孩子们在生活中喜欢留心观察、善于思考,激发他们写日记的欲望。

(三)内容定夺

小学生的日记有时需要教师规定内容。有的孩子确实不知道写什么。教师统一内容，便于统一指导。

1. 观察日记。

观察日记要求孩子们把观察中所看到的、听到的、闻到的、尝到的、想到的等等记录下来，可以观察一盆花、一个人，甚至是一片云……孩子要想把观察日记写得生动具体，还要边观察边联想。例如：把自己精心培育豆芽的过程和盼着豆芽快快健康生长的迫切心情记在日记里。观察日记是孩子们较喜欢的内容。因为所观察的对象比较直观，每天会有新的变化，孩子们每天都会有新的发现。

2. 生活日记。

生活是多彩的，每个人对每件事都会有不同的感受。生活日记可以写自己学会做一道菜，可以写一次有意义的旅行，可以写别开生面的跳绳比赛、拔河比赛……

3. 读书日记。

读过一本好书，就像交了一位益友。读书日记，是把读书的内容写出来，再加入自己读书后的收获。

4. 日记"美颜"。

日记里不一定都是文字，还可以让孩子们把有感触的事情画下来！喜欢画画是孩子的天性。孩子们用五颜六色的画笔画出美丽的图案，其实代表孩子对美好事物的幻想。图画让文字描写的内容更加直观，让所写的内容耐人寻味。

另外还有想象日记、书信日记、写诗日记等，都可以让孩子去尝试着写一写。

日记是一块激活儿童写作情趣、打开儿童写作之门的"敲门砖"，它是一条引领儿童享受写作自信、获得写作尊严的"红地毯"，它是一方尽情演绎童真童趣、记录童心童史的动感平台。日记，让儿童以一个"胜利者"的姿态从窘困的写作中走出来，心里仿佛长了翅膀，涌起了飞翔的感觉。日记就像是一把火炬，让孩子心头燃起了写作的火焰。

小学生朗读能力培养的误区分析及策略思考

北京市顺义区教育研究和教师研修中心　张红梅

摘要：培养小学生的朗读能力、提高小学生的朗读水平，不仅有利于其语文学习，而且有利于提高其综合素养。本文从小学生阅读能力培养的误区入手，具体分析了朗读"重名家、轻自己""重技巧、轻感情""重课内、轻课外""重表面、轻实效"四个方面的误区。在此基础上，提出三点应对策略：激发学生朗读的兴趣，指导学生朗读的方法，留给学生朗读的时间。

朗读是阅读的起点，是小学生（特别是小学低年级阶段）学习语文的重要方式。在"培育热爱祖国语言文字的情感，增强学习语文的自信心，养成良好的语文学习习惯，初步掌握学习语文的基本方法"等方面，朗读发挥着不可替代的作用。因此，培养小学生的朗读能力、提高小学生的朗读水平，不仅有利于其语文学习，而且有利于提高其综合素养。

一、小学生朗读能力培养的误区分析

在教学实践中，朗读能力的培养主要存在以下四个方面的误区。

（一）示范朗读重名家、轻自己

听是读和说的基础，课前范读是提高学生朗读能力的一种有效途径。学生在声情并茂的朗读声中，渐渐被带入作品所描写的意境，进而体会作品感情、品味作品语言、受到艺术美的熏陶。教学中，很多教师习惯性地播放录音了事。不可否认，名家的朗读技巧与感染力具有不可替代的作用。《人与自然》节目中，赵忠祥老师的演说就达到了化臻之境，听他的朗读简直是一种享受。显然，多欣赏一些这样的朗读有助于学生体会和学习朗读技巧，并在逐步地模仿中提高自身的朗读能力。但教师的范读作用也不可忽视。教师对学生面对面的示范，更容易与学生达成心与心的交流，学生自然而然跟着教师读起来，学生的朗读兴趣一下子被激发，接下来的教学工作就显得轻车熟路了。

（二）朗读指导重技巧、轻感情

能用普通话正确、流利、有感情地朗读是《语文课程标准》的总要求，评价时可以从语音、语调、感情等方面进行引导考查。有的教师只重视对学生朗读技巧的指导：每次指导学生读书，都要学生注意哪句话要轻读，哪个词语要重读，更有甚者，竟要求学生完全模仿自己的语气语调。这忽视了受教育者的个体感受与理解，是对生命个体的不尊重，与素质教育背道而驰。国家教育部颁发的《语文课程标准》明确指出："语文课程丰富的人文内涵对学生精神世界的影响是广泛而深刻的，学生对语文材料的感受和理解又往往是多元的。因此，应该重视语文课程对学生思想情感所起的熏陶感染作用，注意课程内容的价值取向，……同时也要尊重学生在语文学习过程中的独特体验。""一千个读者就有一千个哈姆雷特。""有感情朗读"是一种个性化行为。由于学生的知识水平、理解感悟、语言能力、想象能力、朗读水平等因素的千差万别，朗读的处理方式也应各有特色。

（三）朗读内容重课内、轻课外

"读书百遍，而义自见。"对小学生而言，朗读的确是加强记忆、丰富语汇、增强语感、提高语言表达能力的重要手段之一。但在现实教学活动中，教师指导学生朗读的方式虽名目繁多，总体来说却收效甚微。如：指名读、"开火车"读、分角色读等等。朗读也是一项长期的工程，单凭课上的训练是不够的，这会使语文教学陷入学生厌于读书、厌于思考的困境。我们不应该把朗读当作一种单一的语文能力看待，它与理解能力、口语交际等多种语文能力的形成是分不开的。所以，开展多种形式的语文实践活动，让学生在实践中发展提高，才是语文学习的根本。

（四）朗读形式重表面、轻实效

据我了解，一般情况下，教师在一节课中会安排朗读三至四次（相对环节而言），而且形式多样，但有的安排却未到位，有形式却无多大实效，往往是琅琅读书声骤然响起，学生读得正尽兴，又在教师"啪——啪"鼓掌示意下戛然而止，朗读形同虚设，成了课堂教学中一种"美丽"的点缀。朗读教学应倡导让读深入课堂、落在实处。教给学生正确的读书方法，留给学生充足的读书时间，通过学生自身大量的阅读实践去理解、去体会、去领悟、去积累。尤其是朗读，能够强化记忆的敏锐性、精确性和持久性。学生通过朗读把课文细细咀嚼，体会语言文字的含义，对课文的理解，远比从老师那里听来的要深刻得多。

二、小学生朗读能力培养的策略思考

针对以上朗读能力培养的误区，笔者提出以下三方面应对策略。

（一）激发学生朗读的兴趣

叶圣陶说过："令学生吟诵，要使他们看作一种享受，而不看作一种负担。"朗读教学中，不能用教师的讲代替学生的读。教师要激发学生的阅读兴趣，提高学生的阅读热情，充分调动学生读的积极性、主动性，使学生爱读、乐读。如教学《吃虫的植物》时，我采用了激趣导入法，激发学生读的欲望。出示课题后，我问学生："有一种植物，它没有嘴，但是可以吃掉很多的虫子，你们相信吗？"接着我请同学们打开课本，放声自由读课文，从中找到答案。学生立即认真朗读，从读中探究答案。

（二）指导学生朗读的方法

学生的朗读兴趣被激起后，需要教师指导正确的朗读方法，才能取得事半功倍的效果。

教师适当范读。范读是朗读指导最有效的方法。小学生语感有限，在朗读不到位时，教师应在关键处点拨示范。如教学古文《刻舟求剑》时，学生在熟读课文后，普遍读得很快，没有一点儿感情，于是我先讲解了这篇文章的历史背景，使学生了解古人说话的习惯等，然后我配以音乐，将全文范读。学生通过对比后知道读这篇古文语速要慢，有的地方需要拉长声音，这样更有力，注入感情更多。

加深词句理解。抓好词句训练是朗读教学的根本。语文课上，教师要引导学生抓住重点词句，指导他们一词一句地读，通过读，在语言文字上得到收获，思想上才能产生共鸣。《马背上的小红军》一文中陈赓用命令的口吻说："上去，骑一段再说。"学生开始着眼于"命令"的字面含义，把陈赓的话读得严厉大声。我让学生仔细想一想：陈赓为什么用命令的口吻对小红军说？如果不用，结果会怎样？弄清了这个问题，学生自然体会到了这里"命令"的真正含义，再读这句时，就会在严厉中透出关心和体贴。这样深入把握人物的内心活动，学生朗读时就会比较准确地把握人物思想。

激发学生想象。有意义的朗读是口、耳、眼、心并用的过程。在教学中，教师要善于引导学生展开想象，通过想象，把抽象文字变成画面，再通过画面品味语言，然后把握好语调、语气、语速，让学生边想象、边领悟、边朗读。例如《春风吹》一课，描写了春天的景色。读之前，我先让学生闭上眼睛，想一想展现在你脑海中的是一幅怎样的画面。学生在想象中进入万物复苏的神奇美妙的世界，陶醉其中。然后再让学生朗读，学生自然会用柔和、抒情的语调把对春天的赞美、喜爱的感情读出来。

鼓励学生互评议"读"。在课堂上指导学生朗读，还要留给学生评议思考的时间。课堂上，学生朗读时，让学生说说他为什么这样读，其他学生在听时，把自己认为读得好和读得不好的地方标记出来。评议时，学生畅所欲言。通过这样的训练，学生可以从评价他人中发现自己朗读上的不足，从而帮助学生自主读书，养成读课文时进行有意识的思考和处理的好习惯。

（三）留给学生朗读的时间

教师在对学生进行朗读指导的同时，还要在课堂上把大部分时间留给学生。朗读要面向全体学生，使全体学生都能参与学习的全过程。以读为主，从而在优化朗读教学过程中培养学生良好的朗读习惯，提高学生的朗读能力。

在设计《锡林郭勒大草原》一课时，我把朗读贯穿于教学的始终，主要有四次。第一次，教师配乐示范读，让学生整体感知课文内容，让学生在动听的旋律中感受中国语言文字之美，对课文产生浓厚的兴趣。第二次，让学生边读边画出表现锡林郭勒大草原的美丽的句子，旨在让学生了解课文大意。第三次，让学生自由读，体会大草原的景色之美；第四次，播放音乐，让学生再读。音乐往往能使人在一定的氛围中得到感情的熏陶，学生随着课文内容与音乐节奏互动，如同沉浸在一种如诗如画的境界中，个个读得兴趣盎然、声中融景、景随声出。另外，教师还通过个人读、男女生读、小组赛读、同桌读、互相评等方式让学生不仅在读中巩固了字词，加深了对课文内容的理解，还让学生在不知不觉中通过反复训练，把课文熟读成诵。正所谓"出于口、入于耳，然后了然于心"。

此节课让学生充分地读，不仅提高了朗读能力，而且让学生在读中感悟、启思、提高，达到了读、悟、思的和谐统一，从而节省了时间。教师要根据年级、学生、教材特点安排每节课的朗读时间，并自我监控达成度。要留够时间让学生充分地读：读出感觉、读出味道、读出情趣。时间从哪儿挤？这就需要精心设计问题，让繁琐冗长的"问答"给读让位；让传统守旧、枯燥乏味的"师讲生听"给读让位；让形式花哨、没有实效的小组讨论给读让位。

教无定法，学无定法。只要不是离谱的教与学，不是超越现实的滑稽剧，只要是能被广大学生接受，并乐意学的朗读方式，我们都应该鼓励并提倡。新课程要求教师在对学生进行朗读训练时，必须讲究一点儿艺术，让学生带着情绪读，让学生怀着探索的欲望读，让学生读出力量来，让学生在读的过程中有丰富的收获，一句话：让学生读了还想读，百读不厌，百读不倦。愿莘莘学子的琅琅书声飞越蓝天，承载他们美好的愿望与祝福在宇宙飞翔。

巧借文本，有效引导课外阅读

北京市顺义区李桥中心小学校　田秀娟

摘要：《语文课程标准》提出，"要培养学生广泛的阅读兴趣，扩大阅读面，增加阅读量，提倡少做题，多读书，读好书，读整本的书。"那么，如何激发阅读兴趣，引导小学生课外阅读呢？1.巧抓文白，设置悬念，激起阅读期待；2.巧借文本，以一带多，促进阅读能力的提高；3.巧搭平台，尝试成功，巩固阅读效益。

《语文课程标准》提出，"要重视培养学生广泛的阅读兴趣，扩大阅读面，增加阅读量，提高阅读品位。提倡少做题，多读书，好读书，读好书，读整本的书。"习近平曾说："我爱好挺多，最大的爱好是读书，读书已成为我的一种生活方式。"倡导我们多读书，建设书香社会。

激发学生阅读的兴趣，引导学生课外阅读，培养阅读习惯，是语文教师义不容辞的责任。那么，如何激发阅读兴趣，引导小学生课外阅读呢？

一、巧抓文白，设置悬念，激起阅读期待

伟大的科学家爱因斯坦说过："兴趣是最好的老师。"这就是说一个人一旦对某事物有了浓厚的兴趣，就会主动去求知、去探索、去实践。

课文《临死前的严监生》中的严监生是一个十分吝啬的人物。而课文没有介绍这个吝啬的严监生在某些事情上也会花费很多的钱，与严监生这个吝啬的特点有很大的冲突。所以我在讲这课时，在帮助学生建立"吝啬"形象后，并没有戛然而止。我接着给学生讲有关严监生的一个故事：严监生有一个哥哥严贡生，贡生的学历也是买来的。严贡生是一个无赖，一次犯事了，知县派人前去捉拿，贡生跑了，差人找严监生去了。严监生胆小怕事，他本身是一个吝啬之人，但他得拿出点钱来打点差人，猜猜他拿出多少钱呢。大家七嘴八舌，猜不出。"他拿出两千文……"有些学生睁大了眼睛，不太相信。我接着讲，严监生的正妻王氏

去世了，请两位舅爷来商量后事，给了点劳务费。猜猜他会出多少钱。学生怎么也不会想到他会拿出两封银子，一人一封，一百两。当讲到严监生的正妻王氏去世，前前后后共花费丧葬费四千多两时，在座的学生个个瞠目结舌……我运用强烈的反差紧紧地抓住学生的心，一步步激发他们阅读的兴趣，使他们迸发阅读的火花。

二、巧借文本，以一带多，促进阅读能力的提高

于漪老师曾说："对学生语言能力的全面培养，并不局限在第一课堂，第二渠道有更广阔的天地……"因此，以课内带课外，以一篇带多篇，以精读带博读，无疑是鼓励学生阅读的一种重要的手段。

（一）一篇带多篇，拓宽学生的阅读视角

叶圣陶先生说："得法于课内，得益于课外。"《语文课程标准》也指出，要拓展学生的阅读面。课堂内，教师在增加学生阅读量的同时，还要注意从不同的教学目的，从不同的角度选材，努力拓宽学生的阅读视角，这样才能提高学生的阅读兴趣。

1. 以"文体"为线索的群文阅读。

同一文体。语文本体性教学要重视文体意识，通过大量接触同一文体的文本，让学生感受文体的特点，习得语言表达方法。学习单篇课文时，文体特点不易被发现，然而放在一组文章中学习，就比较明晰，印象深刻。例如，在教学《亡羊补牢》时，我选择了《拔苗助长》《南辕北辙》组成群文，演说故事，归纳道理，使学生对寓言故事借用小故事揭示道理的文体有了初步的感性认识，读寓言故事的兴趣更高了，并在反复演说中提高了语文能力，一举多得。

多样文体。选文要兼顾各种体裁的表现形式：写人、记事、描景、状物为主的记叙文；充满文学性浪漫的诗歌、形散神聚的散文、情节曲折的小说；学生喜闻乐见的童话、以小见大的寓言、出神入化的神话故事；等等，使学生通过阅读群文的各种选文开阔视野，同时思维的张力会在潜移默化中逐渐得到滋养。在讲解《地球万岁》这首诗歌时，教师可以联系《只有一个地球》（说明文）、《地球就诊记》（童话）等文章，可联系有关地球环境保护的故事，可以联系环境遭到破坏的相关数据、事例，使学生从不同角度了解地球、赞美地球。

2. 以"观点"为线索的群文阅读。

不同作家的写作风格不一样，但有时流露出的观点是一样的。例如：北京市义务教材第十二册中的《暴雨筛》与同版第十一册的《顶碗少年》，都是告

诉人们在遇到困难时不要退缩，再搏一下可能就会取得成功。

（二）一篇带一本，激发名著阅读的兴趣

教材中有些课文节选自经典的长篇小说，这些课文经过岁月的淘洗后经久不衰，流传下来，很适合学生阅读。而节选的部分往往是最精彩的。学生除了阅读课文外，还应该接触原著，全面了解原著的故事情节、人物塑造，揣摩语言特色，学习文采精华，吟诵其中的精彩片段，感受名著魅力，提高阅读能力和鉴赏水平。

例如部编版五年级上册《猴王出世》一课节选自《西游记》第一回。《猴王出世》中对石猴动作的描写，对其忠厚顽劣性情的刻画，语句简洁却传神，为我们树立了一个天地精华孕育、勇敢机智、信守承诺的美猴王的形象。在讲课前，我引导学生读《西游记》，在讲完课文后，我又设计了这样一个教学环节：走进经典，联系原著再评"美猴王"，即：请你结合小说《西游记》，谈谈这是一个怎样的美猴王？请用以下的方式汇报，看谁画得最准，批注最全。填空：我认为孙悟空是一个（　　）的美猴王。《西游记》第（　　）回中有这样的一段描写（　　），从（　　）可以看出他是一只（　　）的猴子。课堂结束前，我继续引导学生评价唐僧、猪八戒、沙僧，请学生课后继续阅读《西游记》。学生在阅读经典的同时，进一步巩固抓住主要人物进行评价的方法。

小学课本中出自经典的文章还有很多，如《景阳冈武松打虎》（出自《水浒传》）、《用奇谋孔明借箭》（出自《三国演义》）、《卖火柴的小女孩》（出自《安徒生童话》），还有一些有趣的、有特点的文章，不同作家、不同文体的书籍，均可向学生推荐，但注意要推荐适合他们的书籍。

三、巧搭平台，尝试成功，巩固阅读效益

要想让阅读成为一种习惯，成为一种生活方式，光靠教师的引导是不够的。为此，我们依托教材，巧搭阅读平台，培养学生各种能力，让学生收获阅读成功的体验。

（一）情景剧表演，助推表演表达能力培养

俗话说：学以致用。部编版教材四年级上册《西门豹治邺》一课的"课后选做""阅读链接"两个板块中，对剧本有初步的介绍，并提出结合剧本，改编课文，演一演《西门豹治邺》这个故事。学生通过情景剧的表演，重现了课文内容，受到了启发，懂得了西门豹的聪明才智，为人们谋福利。学生懂得以后在生活中遇到困难一定要动脑思考解决，切不可莽撞行事，深化了课文的内容。在此基础上，我引导学生开展阅读活动的同时，将所读书目排成情景剧进行表演，激

发了学生的阅读兴趣，培养了学生的表达、创新能力。例如在讲解完《蟋蟀的住宅》后，我引导学生阅读《时代广场的蟋蟀》，从书中选出自己喜欢的章节，编写剧本，开展情景剧表演，使他们感受到友谊的重要性。

（二）讲故事比赛，助推语言表达能力的培养

部编版语文教材四年级上册第八单元的"口语交际"内容：讲历史人物故事。通过这次"口语交际"课，学生学会生动地讲故事。以此为契机，我引导学生阅读"快乐读书吧"中的书目《中华上下五千年》，从中选取自己喜欢的一个故事，开展讲故事比赛。在这过程中，学生将自己阅读的内容牢记心中，在讲故事时练就了胆识，培养了表达能力，激发了阅读的兴趣，一举多得。

（三）开展辩论赛，助推阅读逻辑思维能力提升

辩论赛是一种挑战性的活动，需要参与者积极思考，能培养团队配合、逻辑思考、语言表达等能力，助推对阅读文章、书籍的深入理解。课文《马背上的小红军》课后习题中安排了辩论的内容"陈赓到底对得起还是对不起小红军"。教学后，学生结合课文内容展开辩论。他们激烈辩论的情景，至今我仍历历在目。在阅读完一本书后，我也结合书籍内容开展了辩论赛，深受学生的喜爱。例如在阅读完《夏洛的网》后，我组织开展题为"夏洛的死值不值得"的辩论，要求学生结合书籍内容找到论据，进行辩论。因此，学生会将此书多读几遍，不会草草一读而过。在辩论的活动中，我注重培养学生收集信息、逻辑思维等能力，增强了学生阅读的信心。

在教学中，我还开设了"阅读银行"，创设了"立足课内，延伸课外，引导学生积极阅读"的《初荷语文报》、"小荷之声"广播站等，让阅读不再枯燥。通过搭建各种阅读平台，激发了学生浓郁的阅读兴趣，使他们能够持久地进行阅读，使阅读逐渐成为他们的一种生活习惯。

立足文本，有效拓展阅读的方法还有很多。我相信只要关注学生的阅读兴趣，精心设计，充分利用文本，做到课内激趣，引导学生课外阅读；课内根基，拓展课外视野；课内得法，让学生课外得益；课内发现，课外探究，就能真正地引导学生进行有效拓展阅读，使阅读成为他们真正喜爱的事，成为他们生活中的一部分。

精品阅读要讲"精"

北京市顺义区后沙峪中心小学校 艾宁宁

摘要：《语文课程标准》要求："语文课程应激发和培育学生热爱祖国语文的思想感情，引导学生丰富语言积累，培养语感，发展思维，……具有适应实际生活需要的识字写字能力、阅读能力、写作能力、口语交际能力。"在新时代的语文课上，阅读教学应建立在学生有阅读兴趣的基础上，加以恰当的方法指导，不仅让学生爱读，更要让学生会读。

一、学生读书要"精"

人有学步时，读有起步时。学生作为阅读的主体，首先要培养他们的阅读兴趣，没有兴趣的阅读是枯燥的。苏霍姆林斯基说："把每一个学生都领进书籍的世界，培养起对书的酷爱，使书籍成为智力生活中的指路明星——这些都取决于教师，取决于书籍在教师本人的精神生活中占有的地位。"作为教师，不仅要重教书，更要重读书，要把适合学生阅读的书籍带进教室，为学生营造良好的阅读氛围，要通过多种方式的阅读来培养学生的阅读兴趣。如："共读一本书"活动，学生通过阅读《小学语文精品阅读》中的篇目，每人一篇、每天一篇的阅读分享，一个学期后，他们逐渐有了浓厚的阅读兴趣。

二、阅读篇目要"精"

当学生有了兴趣后，选择合适的书目就很重要。由于学生的认知随着年龄的增长由具体到抽象慢慢转变，所以选择书籍要考虑其年龄和认知特点。鲁迅先生在《给颜黎民的信》一文中说："必须如蜜蜂一样，采过许多花，这才能酿出蜜来。"梁文道说："世界有多复杂，书就有多复杂，世界上有多少种人，就有多少种书。"对于三年级的学生来说，他们感兴趣的不光是色彩丰富的插图，更多的是有趣的话题、有精彩故事情节的书籍。《小学语文精品阅读》一书中，学生们可以找到许多他们感兴趣的小文章,对喜欢的篇目反复阅读,百看不厌。对于阅读教学,学生有了兴趣后再上阅读课,学习效率更高。阅读《动物治病办法多》一文时,学生关注的不仅仅是文章中各种动物治病的方法,同时也体会到大自然的神奇,激发探索的欲望。"动物治病"这个话题是学生们感兴趣的,这篇文章列举了五种动物不同的治病方法,文章的语言有很多可圈可点之处。文章中疑问句、反问句和设问句的不同特点是阅读教学的难点。所以在阅读教学中不光要把文章读通,更要读精。

三、教师方法要"精"

在《动物治病办法多》的阅读教学中,初读课文要厘清顺序,根据课后的阅读习题由浅入深、由易到难,逐层递进。根据平时我在阅读课上对学生提取文章信息能力的培养,他们不难找到文章介绍的五种动物的治病方法。课后习题中的表格题无疑是一道有难度的题,这道题不光考查学生提取信息的能力,更是考查学生对内容的概括能力。这对于三年级的学生来说有些难度,部分学生概括得不准确,语言过于啰嗦。在阅读教学中我选择了分小组学习的方法,每组主要学习一种动物的治病方法,围绕"是什么病?怎么治疗的?"两个问题展开讨论,并在讨论中获得答案。小组先来读一读,试着填一填,最后一起品一品来总结动物治病的方法。

学生的问题主要集中在猩猩和老虎的治病方法上,虽然不能用简练的语言概括出,但是他们的答案是经过思考、打磨的。很多学生会利用原文中的词语来概括动物治病的方法,这是一种很好的阅读方法。通过本节课的学习,学生在提取信息时,能利用文章中的词语,再经过自己的消化、提炼,概括出动物治病的方法,收获颇丰。

在教学中,学生能结合平日所学进行阅读。在阅读教学中,只要给学生一个平台,学生就能展示出最好的水平。学生兴趣浓,他们运用了拟人手法,形象生动地展现了五种动物治病的方法。在学习过程中,学生的能力远远超出我们的想象,学生的体会比我们预设的还要充分。教师抓住一个"精"的问题,教会学生"精"的方法,给学生充分的自主学习时间,呈现出一堂精彩的阅读课。

阅读,会让不同的人成为独特的自己。随着基础教育向纵深推进,人们越来越认识到课外阅读的重要意义。在科技大发展、知识大爆炸的今天,每个人都要树立终身学习的理念。在小学阶段积极培养学生的阅读兴趣,定会使其受益终生。

让阅读真的发生

北京市顺义区李桥中心小学校　许月辉

摘要："读书好,多读书,读好书"是现代著名作家冰心在《忆读书》中提到的,意思是：读书是一件很好的事,尽量多读一些书,要读一些好的有用的书。因此"真读"要贯穿读书活动的始终。本文对如何做到"真读"做了全方位的诠释。

"读书好,多读书,读好书"是现代著名作家冰心在《忆读书》中提到的,意思是：读书是件很好的事,尽量多读一些书,要读一些好的有用的书。对于冰心的建议我们都有共鸣之处,在教学中的阅读部分有着充分的践行。不管是课内阅读,还是课外阅读,有经验的教师或是家长都会教给学生很多方法和技巧。从各种读书活动中不难看出,学生的阅读量在不断增长,阅读种类也在不断增多。但经过对班级学生读书情况的调查,我发现真正读进去的学生并不多。每次布置读书的作业时,只有几个学生在认真读,而大部分学生是在应付或是根本就不读。针对我班现状,我在班级开展了"周阅读日"的活动。我和学生约定,每周三下午第三节课为我们六（4）班的读书课,目的是给他们创造一个阅读氛围,让学生在和谐、浓烈的氛围中饱含积极情感真读书,而不是应付差事。

一、广撒网,激兴趣

兴趣是人们最好的老师。阅读兴趣会让学生在阅读中带着积极情感去读书体验,这样阅读才能真的发生,才能真的有效,学生才能真的有所收获。培养学生阅读兴趣是语文教师的责任,也是检验语文教学实效性的标准之一。

为了提高学生对阅读的兴趣,在最初的几次"周阅读日"中,我组织学生自愿组队（最少2人,最多4人）,小组同学读同样的内容。阅读内容可以是一段话,也可以是一篇文章；可以从报纸上选,也可以从杂志上选,哪怕是广告资料都可以。这样为我们"周阅读日"创造了一个无拘无束的阅读环境。没有了约束,学生们对一起阅读的活动也就不会反感,兴趣油然而生。你读一句,我读一句,齐读一句，快乐有序。学生记住了内容，积累了修辞，读出了感悟。

记得第一次活动，学生们在欢声笑语中结束了一节课的阅读。回家后大家把今天活动的感悟或是收获通过"即时贴"发在班级作品展示群中。同学们都表示这样的阅读很快乐，不仅有收获更有感悟。其中一个学生这样写道：今天我和同伴一起读了报刊上的文章，我不仅懂得了感恩，还知道了写作方法。我很喜欢这样的阅读。

二、做计划，要记录

"计划"一词在《现代汉语词典》中是这样解释的：工作或行动以前预先拟定的具体内容和步骤。而阅读计划就是在阅读前个人根据自己的情况拟定的读书内容和步骤，这对于完成阅读来说是非常有必要的。但制订阅读计划容易，坚持阅读是大部分学生面临的问题。为了使学生都能坚持阅读，我在"广撒网"式的"周阅读日"后，号召大家制订读高尔基《童年》的阅读计划。可以是每天读，也可以是几天读一次，总之，一个月内要读完。有兴趣的同学还可以每天在学习群中打卡，做好自我监督。

三、真读书，要分享

检验读书活动是否真的落实最好的办法就是分享。学生是"真读"还是"假读"，通过分享的内容就能一目了然。在制订读书计划后，学生们开始了整本书的阅读。刚开始的那几天，学生们的打卡热情都很高。几天过后，比较懒惰的部分学生就开始了"三天打鱼，两天晒网"式的打卡。在老师和小组及时的鼓励和监督下，这部分学生也赶上了大家的阅读脚步。他们在写完作业后进行小组线下阅读，并把读的内容或是感悟发在群里和大家分享。我给学生们创造这样一个分享平台，他们很是珍惜。他们纷纷选取自己阅读的内容进行分享，或说出自己的感悟，或说出自己的联想。这样一来，学生们在互相带动下都进行了真读书。

四、做作品，有要求

读书作品是读书活动的一种再现、一种延伸。学生们把读到的内容通过图画或是文字的形式再现出来，是对读本内容的一个回顾，是与读本内容的一种情感对话。这种形式可以是阅读小报、读后感，还可以是写梗概……

从《小英雄雨来》到《爱的教育》，从《童年》到《鲁滨逊漂流记》《尼尔斯骑鹅旅行记》《汤姆·索亚历险记》《爱丽丝漫游仙境》，学生们对每本书都做了至少 10 份阅读作品。从第一次阅读，到最后一页，他们根据自身情况，把自己感兴趣的内容通过不同形式再现出来。最后，把每个人的读书作品集结成册，成为一本属于自己的纪念册。

　　读书作为一种学习方式，作为一种兴趣，本应该是一种自主行为，不应是为了做作业或是考试才有的行为。如果说"读书好，多读书，读好书"明确了我们读书的深度和广度，那么，"真读书，读真书"就是我们提高语文素养的好方法。当我们把阅读作为生活中的一部分时，我们的读书活动才能发挥实效。

浅谈传统文化与语文教学的融合

北京市顺义区李桥中心小学校　黄敬霞

摘要：作为语文教师，我们不仅要传授给学生语文基础知识，还要培养学生健全的人格和高尚的道德品质。中华传统文化走进语文课堂，正好可以满足这一需求，这是育人的需要，也是现实的需要。随着教育领域的不断改革，社会对学生全面发展的期望也越来越高。作为教师的我们可以将传统文化和语文教学进行有机融合，让学生能够充分理解传统文化的内涵，并将其和语文知识相联系，认识到传统文化的具体应用，肩负起传承传统文化的重任。如何提升学生的传统文化素养？教师可以利用深入挖掘教材、阅读相关书籍及通过自身实践将民俗引进课堂等方式进行。

一、深挖教材，并与传统文化相融合

知识是一座宝库，而实践是开启宝库的钥匙。因此，教师在授课过程中，应该学会深挖教材，对教材中的优秀文章进行分析、讲解。小学语文教材中有很多文笔优美、情真意切、富于哲理的文章，这也要求教师以教材为依托，结合自身的知识储备，将深藏于文章中的精髓发掘并传递给学生。我们不仅要对教材表面的知识点进行分析、讲解，更要善于发掘课文中的隐藏内涵，使文章蕴含的思想感情得到升华，从而达到提高学生文化素养的目的。教师只有不断引导学生进行探索、咀嚼教材文章的更深层含义，才能让学生渐渐感悟到传统文化的博大精深。比如在端午节来临之际，我引导学生查询和端午节相关的一些信息：端午节有哪些别名？端午节的来历以及与哪些著名的人物有关？端午节有哪些传统习俗？你知道屈原、伍子胥的生平事迹吗？指导学生在搜集的基础上整理资料，并以小组为单位在班内进行交流、展示，最后评出优胜小组。一个传统节日，学生从收集资料到实践体验，在营造节日氛围的过程中感受特有的民族风情。除此之外，还有春节、元宵节、清明节、中秋节、重阳节等。在上语文课时，我把这些传统节日穿插进去讲，既调动了学生学习语文的兴趣，又加强了他们对传统节日风俗的回顾，这样的语文课堂生趣盎然，这样的文化传承意义深远。中国的传统文化不是一门具体的知识学科，而是一种生活的态度和智慧，是需要终身学习和体会的。年轻的一代正在远离传统文化，语文教学的责任就是改变现状，走近传统文化，增强学生学习传统文化的兴趣，激发学生学习传统文化的热情，为真正意义上的传统文化进入语文教学奠定坚实的基础。

二、渗透和传统文化相关的背景资料

背景资料的渗透有助于帮助学生理解文章内容，高效吸收语文知识，做好文章的分析阅读工作，提高学习效率。教师可以根据文章内容选择和传统文化相关的背景资料，便于学生理解学习，认识到传统文化的本质和特点。例如在教学《曹冲称象》这一课时，我先为学生讲述课文的历史背景，学生也可以分享自己掌握的该段历史的相关知识，我再结合一些视频内容激发学生学习的主动性，这样学生很快就积极参与到文章的分析阅读中，提高了学习效率。我们要带领学生领略不同类型的民俗文化，使学生能够从视觉、触觉、味觉等多方面了解中国传统文化的背景，从而提升学生对中国传统文化的自信心、自豪感。只有让学生充分了解不同地域的民俗风情，才能有效达成传统文化与语文教学有机融合的目的。例如，在节假日，我会提醒家长多带着孩子寻找所在城市的名人故居、历史事件遗址等，让学生亲身参与到传统文化中来，这样才能充分调动学生的学习积极性。

三、挖掘语文教材的传统文化因素，把阅读、写作与传统文化教育结合起来

作为教师，我们不仅要重视课内阅读，而且要积极开展课外阅读，在阅读延伸的基础上，引导学生学习优秀的传统文化，学习古人智慧，保持学习热情，将传统文化内化为自己的思想和行为，认识到我国传统文化独特的魅力，提高学习能力。语文教材及读本不仅积贮了丰富的语文知识，更蕴含着深厚的文化意蕴，字里行间流淌着中国传统文化浓浓的鲜活的血液。因而积极挖掘教材中的传统文化因子是语文教师的责任。首先，教师要从字词句、故事、课本插图及课后练习入手，形成"导引—诵读—讲解—探究—拓展—延伸"的教学模式。挖掘教材有关的文化信息，着力讲解并进一步拓展延伸，让学生在老师的熏陶下形成浓厚的学习兴趣。其次，教师要利用阅读课，让学生从丰富的阅读材料中收集古典文化中的精华并分类整理，其中有团结篇、诚信篇、礼仪篇、智慧篇、守业篇、仁爱

篇、报恩篇。我们要把从语文教材中学到的和在课外阅读中汲取的古典文化精华灵活地运用到写作实践中去。例如在阅读课堂中，我选择用《诗经》《千字文》《论语》《三字经》等国学经典引导学生开展课外阅读。上半节课进行自由阅读，在阅读的过程中引导学生感受国学经典中的句式结构、文章特点等，并标记出一些难懂的知识点。下半节课可以成立阅读兴趣小组，针对阅读内容进行沟通讨论，引导学生搜集相关的资料，弥补自己对传统文化的缺失。通过长时间的阅读积累，学生拥有了一定的传统文化基础。平时教师也要注意在课外阅读的基础上培养学生阅读古代优秀作品的主动性和能力。比如，我会利用微信群推送名著经典等资源，引导学生在平台上沟通、交流；会定期开展阅读经典赏析会等活动，在记录阅读足迹、丰富课外阅读生活的过程中提高学生的文学修养，引导学生认识传统文化，在分析人物形象的过程中感悟其精神、品格，提高对文本的鉴赏能力，提升语文素养。

四、利用传统节日渗透传统文化

说到中国传统文化，就离不开传统节日，传统节日是中国几千年传统文化积淀而成的，随着时代的发展，又不断增加新的意义。语文课是教师弘扬中华传统节日文化的主战场，教师在面对当前社会发展带来的挑战时，应该落实把学生培养成高素质人才的理念，帮助学生在成长期间形成高尚的品德，树立正确的价值观。学生通过语文课能了解传统节日的内涵，从而达到学习传统文化的目标，在此期间，学生的语文核心素养也会得到提升，同时也增加了学生的民族自信心和文化自豪感，从而发自内心地热爱祖国。例如，我会在过节之前带领学生对教室进行布置，在墙上挂上节日相关的人像、诗词、小手工作品等，这成为班级的文化特色。在布置教室时，我会充分发挥黑板报的优势，对传统节日的文化进行科普，让学生在日常生活中增加积累。同时，在进行语文教学时，我会把和课文相关的人物资料进行引申，把传统文化的相关知识融入教学内容中，提高学生的学习欲望。在课堂中以讲故事的形式为学生渗透传统文化内容，引导学生认识到传统文化的具体应用，拓宽传统文化的学习范围，增加学生的文化积淀。学生能够自觉地学习古诗词，并学会分析古诗词中的传统文化。语文教学过程中，我们一定要把传统节日文化和教学内容结合起来，让学生在学习期间感受到传统文化的魅力，提高对生活的观察能力。从传统节日的学习中，学生能领会到节日文化的内涵，培养爱国情怀，成为传统文化的传承者。学生通过语文学习加深了对传统节日的认识，认识到开展传统文化教育的意义，在生活中进行实践，发扬中华民族的传统美德。

  总之，在小学语文中渗透传统文化有助于提高小学生的语文综合素养，推进素质教育的进程。只有充分理解语文教材中的文章内核，才能实现学生与传统文化的思维碰撞。在教育改革的背景下，我们应充分挖掘教材内容，探究其中的传统文化属性，这样才能将传统文化与小学语文教育充分融合，实现全面提升学生文化素养的伟大目标。只有学生真正爱上传统文化、爱上语文学习，才能有效推动中华传统文化在当今时代的伟大复兴。

"动"起来，更精彩

北京市顺义区李桥中心小学校　李丽红

摘要：如果把学校教育过程比作创作一幅精美的大型图画的过程，小学教育就应当是创作者构思、设计、布局与着色的过程——重要的并不是体现在画纸上的东西，而是为整个作品打下的基础、定下的基调，同样，让学生在小学学习阶段养成良好的学习习惯定会让他们终生受益。本文主要是从爱"动"是小学生天性这一特征出发，通过在语文课堂上有计划、有安排、有规律地实施"动"手、"动"口、"动"脑方面实践活动，以及在课堂上潜移默化地抑制学生不必要甚至是不良的行为动作，从而培养学生良好的学习习惯，为学生教育学习服务。

在文学和影视作品中，小学课堂呈现出的往往是：稚嫩整齐的琅琅读书声、挺直的坐姿和跃跃欲试的小手、清澈见底和求知若渴的纯真眼神。事实上，小学生的确具有接受新鲜知识意愿充足、表现自我和得到认可的满足感强烈、接受劝阻与管理的态度良好等非常适合课堂教育的特点。同时，小学生也普遍具有生性好动、有效自我管理时间短、消化吸收和知识联系转化能力不足等特点，需要教师不断引导、不断修正、不断强化、不断养成。教师只有充分把握小学生的普遍特点，抓住小学教育的普遍规律，并且善于把不利于课堂教育的年龄特性转化为有利于课堂学习的前进动力，才能更好地促进课堂学习、课堂教育和学生成长。

一、勤于动手，让知识从双手流向学生的大脑

所谓的动手，对低年级的学生更多的是要有意识、有安排、有要求地进行抄写、听写、默写，逐步把语音、语义、字形等相近的单字、词语、短句、诗词进行反复的、有规律的、带有趣味性的"写"，进行强化和吸收，逐步成为学生自身的储备和能力。对于中高年级的小学生，应不断开发和强化学生自我总结、自我归类能力，启发、帮助和要求学生写出某一类、某一型、某一方面的字、词、

句。对于高年级的小学生，应引导他们仿照课文、课外美文仿写语句、短文，并逐步引导和要求他们定时撰写学习感受、生活日记、读写感悟和阶段总结。只有通过动手转化，学生才能把学到的知识转化为题目的答案、日常的应用以及日后学习的储备。

二、敢于动口，用表达锻炼学生思考和转化能力

对于低年级的学生来讲，动口主要是"读"，正确地读拼音、读生字、读新词和读句子，不仅要学生自己读，还要通过课堂引导和持续要求，让他们给同学读、给老师读、给家长读，也可以定期组织专题活动，让学生进行"读"音、"读"字、"读"句能力展示，通过"读"，让学生辨音、识字、断句。对于中高年级的学生来讲，动口除了"读"之外，还要不断强化学生"讲"的意识、"讲"的能力，充分利用课前十分钟、课后辅导、定期专题活动，让学生从"讲"一句话、"讲"一件事，逐步强化到主题演讲，能够讲知识、讲感悟、讲道理，通过有要求的"讲"，督促学生思考总结和形成能力。

三、善于动脑，帮助学生进行归类联系和适时总结

动脑既有利于学生记忆、汲取知识、消化吸收，也能帮助进行联系和总结，最终把书本知识转化为自己的能力，无论是在升学考试中答题，还是现实生活中运用，动脑都是至关重要的。动脑是一种态度、一种要求、一项能力，是通过教师有意识、有安排、有要求的布置、检查、总结和反复强化，逐步在学生个体和整体中形成的习惯和能力，是教师终极能力的体现，是教育最根本、最纯粹、最需要的素养和本源。教师应从帮助学生"读"读音、形状、写法相近的拼音开始，向单字、词语和句子转化，不断引导并强化学生在反复思考、类比、运用等方面"动脑"和"用脑"的能力素养，使学生能够将以前学过的知识与当前学习的知识进行联系，总结出学习到的知识之间的关系，进而扩展到形成适合自身的每一学科的学习习惯。

四、强于动体，从小培养学生良好的学习习惯

爱"动"是孩子的天性，这种天性是在有益的要求和自我管控能力提升中逐步减弱和受到约束的。这里所说的"强"是一种课堂氛围的形成和学生自我要求的能力，"动"是指在保护小学生天性基础之上，在课堂上的自我管理和自我约束。也就是通过良好的课堂氛围和学生自觉的自我要求，形成良好的课堂秩序

和学习氛围。这是小学教师必备的技能，也是教师能力水平的展现，是学生养成良好学习习惯的前提和基础。事实上，小学知识是有限的，小学教育，尤其是中低年级的教育，重要的并不是学会书本上的知识，而是让学生有课堂的意识和学习的意识，进而养成良好的学习习惯。通俗来讲，就是让学生明白，进入学校我应当怎么做，上课铃声响起我应当怎么做，老师讲课怎么听，作业什么时候写，等等。这是一个不断要求、不停反复、不厌其烦的长期过程，是不能统一画线、一蹴而就、一个答案解决所有问题的复杂程序，又是一项能够让学生终生受益、让教育简单、让课堂纯粹、让学校清澈的必备功能。

第二章　设计篇

　　参与教学设计编撰的教师们几经改稿、精心打造，呈现出的一篇篇教案是团队集体智慧的呈现，承载着刘秀清骨干教师工作室每位成员对小学语文课堂教学的探索，展现了教师们的"实践智慧"。在这些教学设计中，有单篇阅读示范，有同一课题不同实施方案的展示，还有紧跟课改前沿的单元整体教学设计，供同行借鉴和参考，希望以此抛砖引玉，共同努力完成打造高质高效课堂的神圣使命。

《荷叶圆圆》教学设计

学科：语文	年级：一年级
单位：首都师范大学附属顺义实验小学	教师：左文慧

【教学内容分析】

《荷叶圆圆》是一篇讲读课文，也是一篇优美的散文，语句优美、想象丰富。文中圆圆的、绿绿的荷叶成了小水珠的摇篮、小蜻蜓的停机坪、小青蛙的歌台、小鱼儿的凉伞。全文字里行间都充满着童真童趣，学习这篇课文会让我们感受到夏天的美好。

【学生情况分析】

一年级学生正处于汉语拼音的启蒙阶段，基本掌握了汉语拼音的读、写以及正确地拼读音节、学读轻声；在读写分开、多认少写的原则上，学生已会认250个字，会写100个字；能根据一定的情境或看图，用普通话讲清一件简单的事；在阅读方面也能正确地朗读、背诵指定课文，能联系课文和生活实际理解常用词语和句子的意思，认识了句号、感叹号、问号，并能读出陈述、疑问、感叹的语气。

【教学目标】

1. 巩固生字及词语，通过配图和生活实际理解动词"躺""立"。
2. 学习用"荷叶圆圆的、绿绿的""荷叶的小伙伴有（　），有（　），有（　），还有（　）"和"（　）说："荷叶是我的（　）。（　）在荷叶上（　）"句式说话。
3. 有感情地朗读课文、背诵课文，感受夏天的美好。
4. 激发学生对大自然的喜爱之情，培养学生乐于发现美的感情。

【教学重难点】

1. 学习用"荷叶圆圆的、绿绿的""荷叶的小伙伴有（　），有（　），有（　），还有（　）"和"（　）说：'荷叶是我的（　）。（　）在荷叶上（　）'"句式说话。

2. 有感情地朗读课文、背诵课文，感受夏天的美好。

【教学过程】

一、导入课题，复习巩固

（一）导入课题

导语：同学们，今天我们继续学习第13课，请大家齐读课题。

（二）复习巩固

1. 读词语。

大荷塘的小伙伴们你们还记得吗？大声叫出它们的名字吧！

词语：水珠　蜻蜓　青蛙　小鱼

　　　摇篮　停机坪　歌台　凉伞

2. 儿歌识字。

把它们放进小儿歌中你还认识它们吗？

> 荷叶绿又圆，作用真美妙！
> 水珠当摇篮，眼睛亮闪闪。
> 蜻蜓当机坪，立上抖翅膀。
> 青蛙当歌台，呱呱放声唱。
> 小鱼当凉伞，荷叶下嬉戏。
> 游来又游去，捧起朵朵花！

3. 写字。

①自由读。

②指名读、拍手读。

③这首小儿歌中藏着本课的生字，孩子们，1分钟的时间用你喜欢的方式记一记。

④这几个生字朋友玩起了捉迷藏，被田字格挡住啦，快在你的学习单上将这首小儿歌补充完整。（学生在学习单上小儿歌里的田字格中填写生字）

⑤摆好写字姿势，开始书写。（一拳一寸一尺）

⑥互评，按照正确、规范、整洁三星标准做出评价。（老师相信你们都能够得3颗星）

4. 改错。

【设计意图：帮助学生在语境中识字；编成学生喜闻乐见的儿歌不仅提高了学生的阅读兴趣，还复习了本课的认读字和生字，也简单呈现了文本的内容和主旨，加深了学生对本课的理解。在儿歌的氛围下书写生字，使记忆更加深刻。】

二、探究学习，练习说话

感受荷叶之绿之圆，并练习说话。

导语：谁还记得荷叶是什么样子？（文中怎么说的呢？）

1. 荷叶圆圆的、绿绿的，你感受到什么了呢？

追问：圆的和圆圆的一样吗？你感受到什么了？

评价：你真会表达！荷叶可真圆，真绿呀！

（齐读）我们一起来读一读这句话。

2. 谁能像说荷叶一样说说图片上的其他小伙伴？

引导：不仅能从形状上说，还可以说出它的大小/颜色/味道/形状。

评价：你们可真是善于动脑筋的孩子，都能从不同的方面考虑问题了。

3. 我们再一起来夸夸荷叶。（齐读）

【设计意图：这既是对文中句式的仿说，对叠词的拓展运用，同时又延展了故事的画面情境。】

三、整体感知，感悟文章

（一）整体感知

1. 自由读全文。

导语：小伙伴们都在又圆又绿的荷叶上开心地玩耍呢，请你自己读一读课文来分享他们的快乐吧。

2. 思考问题。

荷叶的小伙伴都有谁呢？你能用下面这样的句式说完整吗？

荷叶的好朋友有（　　），有（　　），有（　　），还有（　　）。

【设计意图：通过课文内容培养学生借助基本句式说完整句子的能力。】

（二）读懂感悟：第2自然段

导语：谁喜欢小水珠？谁愿意读给大家听？微风一吹，小水珠就随荷叶轻轻摇动，就像躺在摇篮里，好舒服呀。

1. 看图理解"躺"。这个"躺"字可有意思了，是一个形声字，左边的身字旁表示和身体有关。

2. 这个身和"身"字旁有什么区别呢？

评价：你真是有一双会发现的眼睛。

3. 孩子们，我们来做个"躺"的动作吧。把你的小脸当作身体，把小手当作摇篮，躺在上面，多舒服呀。

4. （指名读）谁愿意把这舒服的感觉读给我们听？

评价：

①你读得真好听，如果"躺"字读得再重一点儿、长一点儿，会更好。

②读得真好，我仿佛真的看见了那么一滴舒服的小水珠。

5. 情境创设语：小水珠眨着亮晶晶的眼睛，好像看到了蓝蓝的天空和美丽的荷花呢，小水珠的大眼睛可真漂亮呀。（指名读）你能读出它美丽的样子吗？多舒服，多漂亮的一颗小水珠呀！

6. 我们一起来读一读舒服美丽的小水珠。（齐读）

（三）读懂感悟：第3自然段

导语：小水珠躺在荷叶上多享受呀，看，小蜻蜓也来了。

1. （指名读）谁来读读小蜻蜓的句子？

2. 小蜻蜓把荷叶当成了什么？

3. 情境创设语：小蜻蜓像飞机一样，飞过花丛，飞过草地，来到了荷叶上，终于可以休息一下了，多舒服！多高兴呀！找个女生来读一读。

4. 多美的翅膀呀！看到这幅画面，让我忍不住想起杨万里的一首古诗，你想到了吗？（齐背）

5. 瞧，大诗人杨万里也用了"立"，就是因为大家都喜欢小蜻蜓那轻盈小巧的姿态，让我们一起来做那只小蜻蜓，边做动作边读一读这段话吧。（齐读）

（四）讨论学习：第4自然段

导语：看到这么多小伙伴，荷塘的大明星小青蛙也非常高兴。

1. 小组合作：请你和同桌说一说小青蛙把荷叶当作了什么？在荷叶上干了什么？并把句子读给同桌听。

2. 指名回答，你能读一读文中的句子吗？

3. 引导朗读：小青蛙唱歌时的姿势是怎样的？（蹲）怎样读好"蹲"？要像读"躺""立"一样读得重、慢一点儿。小青蛙呱呱地放声歌唱，"放声"是什么意思呢？

4. 比一比谁的歌声最动听。

5. 引导朗读，渲染气氛。

导语：小青蛙把荷叶当成了歌台，它把自己最动听的歌声唱给大家听了。猜猜他在唱什么。

预设1：呱呱呱，池塘的景色真美呀！

预设2：绿绿的荷叶，红红的荷花。

预设3：呱呱呱，我今天捉了许多虫子呢！

预设4：夏天真美呀，呱呱呱……

6. 小青蛙多高兴啊，唱得多开心呀，把绿绿的、圆圆的荷叶当作了歌台，请全班同学一起开心地齐读这一段。

【设计意图：在教师带领学习前两段的基础上，学生和小组同学一起借助之前的学习方法讨论并通过读来体会小青蛙的高兴心情。同时，在合作学习过程中培养学生的合作意识。】

（五）自主学习：第5自然段

导语：快看，小青蛙美妙的歌声把谁吸引来了？

1. 独立思考：小鱼把荷叶当作了什么？请你在文中找一找画下来，并自己做着动作读一读。

【设计意图：为了突出学生的主体地位，本自然段以前三个段落学习情况为基础，采用自主学习的方式，培养学生主动参与的意识，激发学生的求知欲，提高学生的自学能力。】

2. 谁能学着小鱼的样子，边做动作边读这段话？

3. 老师这儿有两个调皮的句子，请两名同学每人读一句，其他同学认真看、仔细听，想一想哪儿不一样。

> 小鱼儿在荷叶下笑嘻嘻地游来游去，捧起一朵很美的水花。
> 小鱼儿在荷叶下笑嘻嘻地游来游去，捧起一朵朵很美很美的水花。

4. 你们发现哪儿不一样？你感受到了什么？

预设：一朵朵表示水花很多，很美很美表示特别美。

【设计意图：通过对比读让学生发现词语的不同，感受词语表达的效果，从而体会水花的多和美。】

5. 请你试着读一读。

6. 请大家闭上眼睛，老师读你听，你感受到了什么？你仿佛看到了什么？（指名说）

7. 那你能试着读出它的美吗？

8. 导语：是呀，小鱼儿在水里捉迷藏、做游戏，快乐地玩耍着，多高兴呀，我们一起来读这句话。

9. 读到这儿，你想到了哪首古诗？（《江南》）

【设计意图：借助积累的古诗让学生体会小鱼在荷叶下游玩嬉戏的快乐心情，来帮助学生读好课文。】

四、回归整体，角色扮演

导语：又圆又绿的荷叶吸引来了这么多小伙伴，请你和你身边的小伙伴分角色带着动作读一读。

1. 分角色自由读：请你和你周围的小伙伴边做动作边读。

2. 小组展示：谁愿意戴上头饰来演一演？

【设计意图：此环节是为了激发学生的成就感，调动学生的学习兴趣，更进一步读好课文，活跃课堂气氛，努力创设开放的、民主的、和谐的课堂氛围。它尊重学生的感受、理解、体验，并使学生通过边读边演的形式来体会小动物们对荷叶的喜爱之情。】

五、根据板书，背诵课文

导语：这么美的课文，如果能把它记在脑海里就更好了，我们来一起看着板书试着背一背吧。

【设计意图：让学生平时注重积累优美的语言。借助文章结构相似的特点并结合板书练习背诵，让学生感到背诵充满趣味，同时也教给学生背诵的方法，为今后的学习打下基础。】

六、拓展延伸，练习说话

1. 这么美丽的荷叶、池塘肯定还有其他好朋友，想一想还有哪些小伙伴。它们把荷叶当成什么呢？比一比谁的想象力最丰富。

2. 说话练习：（　　）说："荷叶是我的（　　）。"（　　）在荷叶上（　　）。

预设1：荷叶是小鸟的水杯。小鸟在荷叶上喝水。

预设2：荷叶是小鸭子的游乐场。小鸭子在荷叶上玩耍。

预设3：荷叶是乌龟的摇篮。乌龟在荷叶上睡觉。

预设4：荷叶是蜗牛的小床。蜗牛在荷叶上休息。

预设5：荷叶是水鸟的瞭望台。水鸟在荷叶上眺望远方。

评价：你们真是热爱大自然的孩子，相信以后大家也能成为小作家。

【设计意图】：语文是工具性与人文性相统一的学科，学生在语文学习中，不但要理解文本内容，体会作者情感，更要学以致用。本环节通过了解课文的内容来拓展学生的思维和想象力，并借助文中的句子练习说话，培养学生学习语文的兴趣。】

七、拓展阅读，激发兴趣

导语：夏日里圆圆的、绿绿的荷叶吸引了这么多可爱的小伙伴。看，秋天里美丽的落叶也吸引来了很多小动物。

请你阅读短文《落叶》，回答问题。

落叶

秋风起，天气凉，树叶黄了。树叶从树枝上一片一片地落下来。

树叶落在地上，小虫爬过来，躲在里面，把它当作屋子。

树叶落在沟里，蚂蚁爬上来，坐在当中，把它当作船。

树叶落在河里，小鱼游过来，藏在底下，把它当作伞。

树叶落在院子里，燕子飞来看见了，低声说："来信了，催我们到南方去呢！"

边读边思考：朗读短文，找出小动物，它们把落叶分别当作什么？用"＿＿＿"标出来。

【设计意图】：《落叶》是与本课形式相近、内容相似的文章。从《语文课程标准》和本课教学目标角度切入，激发学生对大自然的喜爱之情，培养学生乐于发现美的感情，并通过阅读"一带一"文章，检测了本课的教学效果。】

此题意在夯实《语文课程标准》中低年段学生从文本中找出简单信息的能力。设计问题"找出小动物，它们把落叶分别当作了什么？用'＿＿＿'标出来。"丰富了教学内容，也检测了学习效果。

总结：神奇的大自然造就了这么多美丽的景色，荷叶是夏日特有的美景，落叶也是秋日里特有的美景，希望大家能留心观察，去发现大自然不同的美，并把这美丽的景色用心记录下来。

板书设计：

13.荷叶圆圆

水珠	摇篮	躺
蜻蜓	停机坪	立
青蛙	歌台	蹲
小鱼	凉伞	游

【教学反思与改进】

一、以读代讲，层层递进，完成教学目标

在低年级的语文教学中，更多的是以读代讲。通过近一年的学习，学生能够初步感知文本内容，读出文本包含的情感。在设计教学环节中，我贯穿了"以读为主，感情体验"的教学思想，让学生认真观察，通过自由读、分角色读、同桌互读等形式，感受到小水珠、小蜻蜓、小青蛙、小鱼儿喜欢荷叶的心情，并在朗读中自然流露。四个自然段读的侧重点也不同，通过"教、扶、放"的教学模式让学生体会到了小动物对荷叶的喜爱。如第二自然段和第三自然段，我采用教师引导的方式教学，通过小水珠躺在荷叶上，让学生体会"躺"的舒服，让他们读出舒服的感觉；小蜻蜓的"立"不仅体现小蜻蜓的轻盈还启发学生运用古诗；接着运用小组合作讨论学习的形式让学生体会小青蛙快乐的心情。由于文章结构相似的特点，最后我采用自主学习的方式让学生借助前面的学习方式进行自主学习，体会小鱼儿的快乐，体会水花的多而美。

二、创设情境，培养学生语言发展能力

语文是工具性与人文性相统一的学科，学生在语文学习中，不但要理解文本内容，体会作者情感，更要学以致用。学生仿照句式"荷叶圆圆的、绿绿的"说出文中其他景物的特点，在训练不脱离课文、不脱离语言构建的情境说话的同时也对叠词进行拓展运用并延展了故事的画面的情境。接着我们又通过整体感知课文的主要内容，借助基本句式"有（   ），有（   ），有（   ），还有（   ）"让学生把荷叶的小伙伴说全。然后通过了解课文的内容来拓展学生的思维和想象力，说一说还有谁可能出现在荷塘，会把荷叶当作什么。并借助文中"（   ）说：'荷叶是我的（   ）。'（   ）在荷叶上（   ）"句式训练说话，培养学生学习语文的兴趣，并发现句子与句子间的联系与表达的形式。

本堂课体现了记忆性积累与运用性积累的有机结合，提醒我们要把好词佳句、古诗当成日用品而不是收藏品。通过小蜻蜓立在荷叶上的"立"引导学生发现蜻蜓的轻盈并背出已学过的古诗《小池》来体会"立"字的准确生动。又借助古诗《江南》来体会小鱼儿在荷叶间嬉戏游玩的快乐情境,从而整体感知小动物对荷叶的喜爱。

三、运用"一带一"阅读,巩固教学目标,检测教学效果

《落叶》与本课形式相近、内容相似。通过季节的不同因而选取的景物不同让学生体会大自然的神奇和美,并呼吁他们去保护大自然。从《语文课程标准》和本课教学目标角度切入,激发学生对大自然的喜爱之情,培养学生乐于发现美的感情,并通过阅读"一带一"文章,检测了本课的教学效果。

《玲玲的画》教学设计

学科：语文　　　　　　　　　　年级：二年级
单位：北京市顺义区裕龙小学　　教师：韩冬

【教学内容分析】

《玲玲的画》是二年级上册第三单元的第二篇课文。本单元以儿童生活为主题，以儿童视角表现儿童生活。单元教学重点为"阅读课文，能够说出自己的感受或想法"和"借助关键词语讲述课文内容"。本课以人物情绪变化为脉络，抓住关键句"只要肯动脑筋，坏事有时也能变成好事"理解课文内容，引导学生联系生活说说自己的体会。全文由玲玲和爸爸的对话展开故事情节，通过对话能感受到爸爸的和蔼可亲。在结尾读到爸爸说的话时，觉得自然贴切，没有说教之感。课后练习"试着用上'得意''伤心''满意'这3个词语，讲讲这个故事。"考查学生对课文内容和这3个心情词语的理解，并能够自己讲故事。

【学生情况分析】

二年级上册的学生已具有一定的阅读和语言表达能力。本文中小姑娘玲玲遇到的问题贴合实际生活，学生在生活中也许遇到过类似的情况，从而能够产生共鸣，对于理解文章很有帮助。用"得意、伤心、满意"这些心情的词语把故事讲出来对学生来说是重点，教学要为此做铺垫。对于"只要肯动脑筋，坏事有时也能变成好事"这句话，大部分学生在读完课文后也能理解，但要联系生活说说体会，这考查学生的语言组织能力。

【教学目标】

1. 正确流利地朗读课文，书写"幅、报、奖、拿"4个生字。
2. 试着用上"得意、伤心、满意"等关键词叙述课文内容，讲述故事。
3. 读懂爸爸说的话，懂得生活中"只要肯动脑筋，坏事有时也能变成好事"的道理。

【教学重难点】

1. 试着用上"得意、伤心、满意"等关键词叙述课文内容，讲述故事。

2. 读懂爸爸说的话，懂得生活中"只要肯动脑筋，坏事有时也能变成好事"的道理。

【教学过程】

一、回顾内容，复习字词

师：还记得这个小故事吗？我们这节课继续学习第5课《玲玲的画》，齐读课题。老师把发生在玲玲身上的小故事编成了一首小儿歌，我们一起来看看吧。

玲玲小画家，得意画幅画。
爸爸又在催，快去睡觉吧！
"啪"的一声响，把画弄脏了。
明天要评奖，伤心哭起来。
爸爸在看报，帮忙想办法。
玲玲拿起笔，画面更漂亮。
满意看着画，心里乐开花。
只要肯动脑，坏事能变好。

1. 带拼音自由读。

2. 去掉拼音指名读。

3. 齐读。

师：有几个生字朋友就藏在小儿歌里，再来读一读，谁能把它们写出来？快拿出学习单来试试吧！注意把字写正确、整洁、规范。

【设计意图：通过编小儿歌的方式让学生回顾课文，激发学生的兴趣，随文学习生字。**】**

过渡：同学们，玲玲对自己的画发生了3次情感变化，你能从儿歌中找到吗？3次情感变化分别是在什么情况下发生的？坏事是怎么变成好事的？

二、合作探究，感受情感变化

（一）读文，感知"得意"的心情

1. 学生自由朗读课文。

2. 在什么情况下玲玲心情是得意的呢？

出示句子：

> 玲玲得意地端详着自己画的《我家的一角》。这幅画明天就要参加评奖了。

为什么很得意？（要去评奖，出示作品）她心里会想什么？（预设：一定会取得好成绩）

玲玲对自己的画充满了自信，我们也带着自信、得意的心情来读一读吧。

过渡：玲玲得意地端详着自己的画，为什么心情变成伤心了呢？请你快来读一读2~4自然段。

（二）读文，感知"伤心"的心情

出示句子：

> "玲玲，时间不早了，快去睡吧！"爸爸又在催她了。
> "好的，我把画笔收拾一下就去睡。"
> 就在这时候，水彩笔啪的一声掉到了纸上，把画弄脏了。玲玲伤心地哭了起来。

玲玲为什么很伤心？（预设：水彩笔掉到画上，把画弄脏了）出示弄脏的作品。

现在让我们走进玲玲的家，和老师一起来读一读。老师读爸爸说的话，学生读玲玲的话。齐读第4自然段。

师：玲玲因为作品要去评奖，心情很得意，这时水彩笔弄脏了画，此时的玲玲变得很伤心，伤心得都哭了。怎么最后又满意了呢？让我们读一读5~8自然段，看看发生了什么。

（三）读文，感知"满意"的心情

出示句子：

> "怎么了，玲玲？"爸爸放下报纸问。
> "我的画弄脏了，另画一张也来不及了。"
> 爸爸拿起画，仔细地看了看，说："别哭，孩子。在这儿画点儿什么，不是很好吗？"
> 玲玲想了想，拿起笔，在弄脏的地方画了一只小花狗。小花狗眯着眼睛，懒洋洋地趴在楼梯上，整张画看上去更好了。玲玲满意地笑了。

1. 谁试着来说一说，发生了什么？

2. 分角色朗读爸爸和玲玲之间的对话，爸爸耐心地引导孩子，体会爸爸对孩子的爱。

追问：孩子们，如果这幅作品是你们的，你们想在这儿画点什么呢？（引导学生表述完整清晰）

过渡：你们真是肯动脑筋的孩子，玲玲和你们一样，她想了想拿起笔画了什么呢？

出示句子：

> 玲玲想了想，拿起笔，在弄脏的地方画了一只小花狗。小花狗眯着眼睛，懒洋洋地趴在楼梯上，整张画看上去更好了。玲玲满意地笑了。

1. 玲玲此时的心情是怎样的呢？你能找到吗？（预设：满意）
2. 为什么对自己的作品很满意？（预设：画变得更好了）板书：更好了。
3. 带着满意的心情再读文章。

（四）感悟爸爸的话，体会主旨

玲玲看着画很满意，爸爸看到心情满意的玲玲，爸爸的内心也是很满意的。让我们看看他说了什么。

> 爸爸看了，高兴地说："看到了吧，孩子。好多事情并不像我们想象的那么糟。只要肯动脑筋，坏事有时也能变成好事。"

联系生活说说自己的体会，你平时遇到过动脑筋后坏事变成好事的例子吗？

总结：你们真是爱动脑筋的孩子，就像玲玲一样，先是得意端详自己的画，然后画被弄脏了，最后在爸爸的启发下动脑筋在弄脏的地方画了一只小狗，这就是坏事变成了好事。（板书：动脑筋 坏事变好事）

三、抓住关键词，复述故事

层次一：学生对照板书和3幅图片讲故事。

指定同学分享。

小组讨论，再次分享，师生点评。

层次二：学生对照屏幕的3幅图片和"得意、伤心、满意"这3个表示心情的词语讲故事。

师生点评。

总结：下课后可以和你的同学再次讲一讲这个小故事。

板书设计：

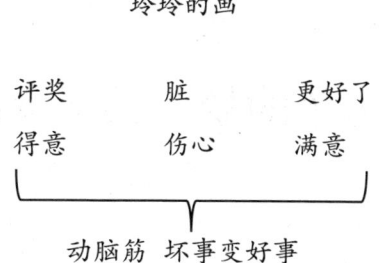

【教学反思与改进】

在本课中我落实了如下几点：

1.本节课的教学落实了2个语文要素。

2.课堂交给学生，启迪学生思维，发展语言，助力语言素养逐步提升。

不足之处：在落实讲故事环节，我留给学生的时间偏少，着实可以更大地调动他们的积极性，如开展讲故事小比赛，即可促进他们一步步提高，助力语文素养的提升。

《彩色的梦》教学设计

学科：语文	年级：二年级
单位：北京市顺义区南法信中心小学校	教师：李　冉

【教学内容分析】

一、单元分析

《彩色的梦》是统编教材语文二年级下册第四单元的第一篇课文，本单元的主题是"童心"，本单元的语文要素是运用学到的词语把想象的内容写下来。

"想象"这一语文要素在二年级上册有所提及：《古诗二首》一课课后习题"读诗句，想画面，再用自己的话说一说"；《雾在哪里》一课中说一说"'雾是个又淘气的孩子，在你眼里，雾又是什么呢'"；《风娃娃》一课的"写话"训练中让学生想象画面，把想到的故事写下来。

二年级下册仍有提及：《雷锋叔叔，你在哪里》的课后习题"读句子，想画面，再根据课文内容，用自己的话说一说"；《一匹出色的马》的课后习题要求学生边读边想象画面，再把句子抄写下来。不难看出，两本书将想象这一语文要素分成了3个层次：展开想象—想象画面—把想象的内容写下来。

二、教材分析

《彩色的梦》是高洪波写的一首充满智慧和童心的儿童诗，通过彩色铅笔描绘了大自然的美丽景色，展现了儿童眼中的缤纷世界，表现了儿童对大自然的赞美与向往。

诗歌共有4个小节，第1小节写"我有一大把彩色的梦"，这些"梦"有的长，有的圆，有的硬。他们躺在铅笔盒里聊天、在白纸上跳蹦。这彩色的梦不是"一个"而是"一把"，那会是怎样的梦？留下了悬念，激发了读者的阅读兴趣。第2、3小节彩色铅笔化身为可爱的精灵，一路跳蹦着，滑过碧绿的草坪、鲜红的野花、湛蓝的天空，最后滑进了葱郁的森林。"脚尖滑过的地方"，一个"滑"字将整首诗串联起来了，"草绿、花红、天蓝"，明艳的色彩勾勒出一幅生机勃勃的画卷。彩色的梦又滑到葱郁的森林里，雪松手拉手，小鸟快乐地歌唱，还有那苹果般又大又红的太阳，一个"拉"，一个"留"，一个"结"，拟人化的动词，呈现了一幅充满生机、活跃、热闹的画面。"小屋的烟囱上，结一个苹果般的太阳，又大——又红！"想象新奇独特，富有童心童趣，能让学生感受到梦的神奇。第4小节揭示悬念，一大把"彩色的梦"其实是一大把彩色铅笔，"我的彩色梦境，有水果香，有季节风，还有紫葡萄的叮咛，在溪水里流动……"排比的句式和拟人的手法，融会贯通嗅觉、触觉、视觉、听觉等多重感受，进一步感受梦境的神奇美妙。文本灵动的文字和形式，有助于学生展开想象，仿说仿写。

【学生情况分析】

想象力丰富的二年级学生，对于诗歌有非常浓厚的兴趣，能借助自己的想象融入课文学习之中。这首儿童诗呈现的自然视角非常符合儿童的年龄特点。儿童是天生的诗人，他们可以和风儿游戏、同鸟儿细语。儿童美妙的梦境源于他们心中无比美好的世界，源于他们对大自然的热爱。所以学生在读儿童诗时是没有隔膜的，诗人笔下的世界就是他们眼中真实的世界。对于诗歌的亲近感，能让学生在学习中充分获得快乐。本课提出"把想画的内容用几句话写下来"是在想象的基础上进行句式的仿写。入学以来，与"仿写"有关的语文要素出现过两次：一年级下册第六单元"学习句子的多样表达，练习仿写"和二年级下册语文园地二"照样子说一说，再把自己喜欢的景物写下来"。本课对学生提出了更高的能力要求，强调由"想象"到"仿说"再到"仿写"的过程。本节课教授《彩色的梦》第二课时，学生已经解决了识字困难，能够正确朗读课文。下面将根据第一课时所留的作业"根据课文内容，展开想象，把你心中彩色的梦画下来"展开下面学习的内容。

【教学目标】

1. 复习"盒、聊"等9个认读字；会写"彩、拉"等5个字。
2. 朗读课文，边读边想象，能用自己的话说出彩色铅笔画出的梦。
3. 能展开想象，仿照课文相关段落把自己想画的内容写下来。

【教学重难点】

教学重点：

1. 正确识字、写字。

2. 能展开想象,仿照课文相关段落把自己想画的内容写下来。

教学难点:

能展开想象,仿照课文相关段落把自己想画的内容写下来。

【教学过程】

一、复习导入

回顾前文,师生合作读第1小节。引出问题:彩色的梦是怎样在白纸上"跳蹦"的呢?

二、想象画面,呈现梦境

(一)学习第2、3小节,感受神奇美妙

1.默读第2、3小节,勾画出表示动作的词,感受变化。

(滑过、拉着手、留下歌声、烟囱上结一个苹果般的太阳)

当彩色的梦滑过山坡的时候,发生了什么变化?

这时学生可能会说:草坪绿了、花儿红了、天空蓝了……

根据学生回答,课件出示:

> 草坪,绿了;
> 野花,红了;
> 天空,蓝了。

2.想象画面,比较发现。

学生结合课件展示的图片和生活实际想象画面。

(1)课件同时出示两个语段:比一比这两段文字有什么不同。

> 大块的草坪,绿了;
> 大朵的野花,红了;
> 大片的天空,蓝了,
> 蓝——得——透——明!

通过比较,文字多了"大块、大朵、大片",画面也不同。我们可以感受到脚尖滑过的动作轻、范围大、速度快,真神奇!

此时教师指导学生朗读并理解:"蓝——得——透——明",像蓝宝石晶莹透亮,像蓝色湖水清澈透明……

指导学生朗读,读出蓝蓝的天空,万里无云。感受一眼望去,远方的美景都尽收眼底的美妙。

3. 发挥想象，仿说句子。

（1）结合课件上出示的图片说说脚尖滑过的地方还有哪些变化。

（2）学生仿说：

> 脚尖滑过的地方，
> （　）的（　），（　）了；
> （　）的（　），（　）了；
> （　）的（　），（　）了，
> （　）——得——（　）——（　）！

学生可能会说：（大片的麦田，黄了；大块的草原，绿了；大个的太阳，红了，红——得——似——火）

（3）请你结合自己的生活或想象再说说"脚尖滑过的地方"还有哪些变化。

（4）"彩色的梦"的脚尖轻轻一滑，多么神奇！

（5）让我们读出这个世界的神奇和生机勃勃。

4. 读中想象，畅谈画面。

彩色的梦染绿了草坪，点红了野花，吹蓝了天空，看，他又滑过森林——又会带来什么变化？

（1）课件出示第3小节。学生一边读一边想象画面，思考彩色的梦又带来了哪些变化。

（2）课件出示图片，师生畅谈画面。

想象雪松与小鸟对话的场景，还可以想象小鸟会留下怎样的歌声。

小结：通过"拉、留下、结"这些词，我们感受到画面的生机、活跃、热闹、和谐。

出示短语：葱郁的森林。

学生交流想象森林树木非常多，而且长得很茂盛。满眼的绿色，学习词语"郁郁葱葱"。

出示句子：雪松们拉着手、请小鸟留下歌声。

想象在葱郁的森林里，雪松朋友们手拉着手。指导学生朗读：

女孩子们，你们就是这快乐的小鸟，一起来唱歌吧！女生读。

男孩子们，你们就是这挺拔的雪松，请读出你的高兴吧！男生读。

出示句子：小屋的烟囱上，结一个苹果般的太阳。

想象画面，太阳升上天空，在小屋的屋顶烟囱上，就好像树上结出来的一个苹果，真是太神奇了。指名读，齐读。

5. 角色体验，感受美妙。

通过让学生体验小鸟的角色，体会这个地方太美了，小鸟不仅想留下来，还想放声高歌呢！彩色的梦在白纸上"蹦跳"，带来了这么神奇的变化，多有意思呀！板书：神奇美妙。齐读第2、3小节。

（二）学习第4小节，感悟美好

1. 揭示谜底：那么这一大把彩色的梦究竟是什么呢？

指名说：彩色铅笔是大森林的精灵。

请同学们默读第4小节，然后说说我的彩色梦境里还有些什么。

指名学生交流。

课件出示：水果香、季节风、紫葡萄的叮咛、溪水的流动。

2. 指名读句子，引导想象。

（1）读到这里，你好像看到了什么、听到了什么、闻到了什么？

结合不同感官，体会梦境的神奇，指名交流。

（2）理解"紫葡萄的叮咛"：猜猜"叮咛"这个词是什么意思。

小结：多么神奇美妙的梦境！同学们，让我们一起再读第4小节。

三、梳理诗文，回顾梦境

（一）梳理全诗，回顾梦境

教师借助板书，带领学生梳理全诗。

我有一大把彩色的梦

脚尖滑过的地方——草绿、花红、天蓝

在葱郁的森林里——雪松、小鸟、烟囱、太阳

我的彩色梦境有——水果香、季节风、紫葡萄的叮咛

（二）复述诗歌内容

同桌借助板书词语相互说。

四、延伸课外，仿写梦境

（一）同学们，你想用彩色铅笔画些什么？试着仿照第2小节或第3小节，把想画的内容用几句话写下来。

课件出示（二选一）：

```
脚尖滑过的地方，
  大块 的 草坪， 绿了；
（    ）的（    ），（    ）；
（    ）的（    ），（    ），
（    ）——得——（    ）——（    ）！
```

```
在热闹的池塘边……
在盛开的花丛中……
在丰收的果园里……
……
```

（二）仿写练笔

学生根据第一课时所留的作业（根据课文内容，展开想象，把你心中彩色的梦画下来），按照要求，进行仿写。

教师指导：模仿第 2 小节时，要重在写色彩的美，可以运用恰当的量词和对应的色彩来进行仿写；第 3 小节的仿写，注意内容，句式可以不固定，可先在小组里进行交流，再合作完成。

（三）作品展示

选择学生作品进行现场展示，共同描绘彩色的梦。

五、识记生字，指导书写

过渡：彩色铅笔还想介绍几个生字朋友给聪明的小朋友们认识呢！它们是谁呢？

1. 课件出示生字：彩、拉、结、般、精，指名认读。

2. 交流识记方法：你怎样记住这些字？学生组内交流。

3. 掌握要领：这 5 个字都是左右结构的字，看看有什么不同。

指名交流反馈："彩"左宽右窄，"拉、结、精"3 个字是左窄右宽，"般"是左右等宽。写的时候要注意避让和穿插。

4. 教师范写，提示总结要点。

（1）范写"彩"，提示关键笔画："彩"右边三撇之间要紧凑、等距，第三撇稍长，穿插到左边部分。

（2）范写"般"，提示关键笔画：左边舟字旁的第五笔是横，略向上斜，不能出头，注意避让；右边的第二笔是横折弯，不要写成横折弯钩。

5. 学生练写，师生评议。

（1）请同学们翻开书，把这 5 个字各描 1 个，写 2 个。提示坐姿：头正、身直、臂开、足安。

（2）展示作品，师生评议。选择有代表性的学生作品，展示，集体讲评，

讲评时有意识地指导学生品味字的笔画美、结构美。

6. 升华情感，拓展梦境

（1）多么神奇的彩色铅笔呀！因为有了它，一张普通的白纸才会变得异常美妙，我们的想象才会变成白纸上一幅幅彩色的图画。

（2）作业：发挥想象写一写，把想画的内容用几句话写下来。

【教学反思与改进】

《彩色的梦》是一首儿童诗，描写了彩色铅笔描绘的美丽梦境，犹如童话般美丽。通过这首诗歌，我们能感受到儿童丰富的想象力和天真的童心。根据本课的学习活动要求：说说彩色的梦境中美丽而又奇异的景象，用画笔描绘下来，我将本课预设为两课时，第一课时主要是识字、读文，重在欣赏、体验，在理解诗歌大意的基础上画出自己的梦境。第二课时重在展示、提高，主要是品读诗歌，读出自己的感受，重点是在学习语言的基础上进行创编，仿写课文第2小节。第二课时的教学是在第一课时熟练识字和读通课文的基础上进行的，主要设计了美读课文、品读课文、仿写段落、生字指导等环节的教学内容。为了达到正确、流利、有感情地朗读课文的目标，在课堂中让学生自读、指名读自己喜欢的段落，老师适时指导朗读，让学生读出标点符号的语气，读出自己的感受。为了让学生能够品味诗歌的语言美，在学习的基础上能够运用语言，我把教学重点放在第2小节的教学上。从观察句形入手，让学生发现这些句子的组成、景物的样子，然后让他们说一说这样的词语和句子，接着在第一课时画出的图画上进行语言的创作。由于第一课时已经对相关的短语做了训练，再加上图画的铺垫，仿写就进行得顺理成章了。学生画出了大片的油菜花、无边的大海、柔软的云朵，一幅幅美丽的图画，一段段灵动的文字，让课堂的生成也像课文一样美妙了起来。能达到这样的效果，也与多媒体设备在课堂中的运用分不开，课件的展示让知识更直观，美术的加入让课堂更具有艺术美感。

《我是一只小虫子》教学设计

学科：语文　　　　　　　　　　　　年级：二年级
单位：北京市顺义区建新小学　　　　教师：彭欣然

【教学内容分析】

《我是一只小虫子》是部编教材二年级下册第四单元的一篇课文。文本从小虫子的视角观察世界、感受生活，想象丰富而独特。通篇运用拟人化的描写，让读者在不知不觉中走进小虫子的世界，和小虫子一起懊恼、一起快乐。课文结构清晰，以"当一只小虫子好不好"的设问开头，然后用先抑后扬的手法描述了当一只小虫子的"不好"与"真不错"，最后以"我喜欢当一只小虫子"总结全文，照应开头。

本单元以"童心"为主题，编排了《彩色的梦》《枫树上的喜鹊》《沙滩上的童话》《我是一只小虫子》四篇课文。四篇课文都是以第一人称来写的，充满了丰富的想象。本单元的教学重点是"运用学到的词语把想象的内容写下来"，旨在培养学生丰富的想象能力和语言运用能力。在此前，与想象有关的语文要素出现了两次：一次是二年级上册第七单元"展开想象，获得初步的情感体验"；一次是二年级下册第二单元"读句子，想象画面"。

【学生情况分析】

刚升入二年级的学生，其认知水平和能力基础对于"想象"这一语文要素来说是有难度的。与此同时，在这方面并未得到从"展开想象"到"想象画面"再到"把想象的内容写下来"这样一个由易到难、螺旋上升的梯度训练。基于此，教学时要把"想象"的要求稍微降低，并把"想象"的定位由"要求写"变为"在课堂上说一说"。这个年龄段的学生好奇心强，喜欢观察小事物，想象力丰富，因此对于课文中所写到的内容，他们会感同身受，容易接受、体会。教学中应用温情、亲切的话语带学生进入想象的世界，鼓励学生畅所欲言、自由表达；用提示、点拨的方法引导学生去发现、感悟。

【教学目标】

1. 复习本课生字，会写"干净、幸运、屁股、使劲"等词语。
2. 朗读课文，能就感兴趣的部分和同学交流。
3. 能根据情境展开想象，把想到的内容说给同学听。

【教学重难点】

教学重点：朗读课文，能就感兴趣的部分和同学交流。

教学难点：能根据情境展开想象，把想到的内容说给同学听。

【教学过程】

一、复习词语，回顾内容

（一）导语

师：同学们，这节课我们继续学习《我是一只小虫子》，齐读课题。

上节课我们读通了课文，学习了词语，老师先来听写几个词语，请同学拿出学习单，摆好写字姿势——头正、肩平、腰直、足安。写字做到三个一：一拳、一尺和一寸。

（二）听写词语

干净	幸运	使劲	屁股

1. 老师评价：我们一起来评价，首先看他写的字对不对，全部正确就获得一颗正确星。再看看，这位同学的字没有一点儿涂抹，恭喜他又获得了一颗整洁星。他在写字时候注意了关键笔画的位置，再获得一颗美观星。

2. 同学评价：请你按照这样的评价标准，自己评价一下，错了的在旁边改一下，写完请你用坐姿告诉老师。谁获得了三颗星，说明你们写字时做到了正确、整洁、美观，希望你们再接再厉。没获得三颗星的同学，老师要奖励你们一颗诚实星，希望你们通过努力得到三颗星。

3. 齐读词语。

（三）回顾课文内容

师：上节课我们学习了课文第1、2自然段，小伙伴说"当一只小虫子，一点儿都不好"是因为什么呢？请你先打开书找一找，用这样的句式说一说。

1. 仿照句式，说话练习。

> 我觉得当一只小虫子一点儿都不好，因为（　　　　）。

2. 展开想象，读出不好，读出情绪。

师：假如你就是这只小虫子，听大家这么一说，你感觉怎么样？（苦恼、不好），指名读课文第 2 自然段。

二、细读课文，交流分享

师：这些都是伙伴们的想法，其实我觉得当一只小虫子还真不错呢？

（一）自主探究

> 自由读课文，思考：小虫子的生活有意思吗？在文中找出相关句子，用"＿＿"画下来。

（二）学习第 4 自然段

1. 指名读自己找到的句子。

> 早上醒来，我在摇摇晃晃的草叶上伸懒腰，用一颗露珠把脸洗干净，把细长的触须擦得亮亮的。如果能小心地跳到狗的身上，我们就可以到很远的地方去旅行。这可是免费的特快列车呀！

2. 创设情境，指导朗读。

（1）指名读，力求读得正确流利。
（2）创设情境读，感知小虫子有趣的生活。
（3）边做动作边读，体会作者用词准确。

【设计意图】：指导朗读的过程中，通过做动作读、师生互读、生生互读等多种形式不断练习、不断巩固。此过程教师抓住动词，让学生边读边模仿小虫子的动作，丰富了感性知识，增加了表象储备，为学生想象奠定了基础，让学生的想象更贴近文本。】

师小结：小虫子跳到狗的身上，这可是免费的特快列车呀！假如你就是这只小虫子，你还想去哪儿做有意思的事情呢？请同学借助图片展开想象，自己练习说一说，如果能像老师一样，用上准确的动词就更好了。

> 我（　　），这可是免费的（　　）。

【设计意图】：记忆表象储存数量是学生想象力发展水平的基础。学生脑海中储存的表象越多,生活经验越丰富,想象力发展的水平就越高。因此,本课教学中在学生对小虫子可以免费旅行表现出兴趣后,教师适时出示花朵、蘑菇、荷叶、小草等图像资料,为学生想象说话补充知识表象。】

师:小虫子可以去那么多地方做自己喜欢的事情,它的生活怎么样呀?

出示:

> 哇,小虫子的生活(　　　)!

师小结:听大家这么一说,让我们感受到小虫子的生活是那么有意思,不仅如此,它还有很多有意思的伙伴呢!

(三)学习第6自然段

1. 默读第6自然段,圈出有哪些伙伴。

2. 出示:

> 我有很多的小伙伴,有可能撞伤我的(　　),有想吃掉我的(　　),还有总想顶我的(　　)。

【设计意图:教师通过填空,引导学生在读文的过程中学习提取信息,培养他们边读书边思考的习惯。在回答问题时,向学生渗透用"有……有……还有……"句式把想表达的意思说连贯,训练学生说话,将整体感知与提取信息有机结合。】

3. 师小结:"有……有……还有……"真是个神奇的句式,用上它我们就能把想表达的意思说连贯了。以后同学们在写话时,也可以尝试着用上这些词。

4. 播视频:

过渡:老师这儿有一段视频,看看是哪个小伙伴。看完视频你知道为什么屎壳郎搬运食物的时候不看路了吗?

5. 朗读第6自然段

师:有意思的伙伴不仅有屎壳郎,还有谁呀——螳螂、天牛,赶快来读一读第6自然段。

师小结:这些小伙伴似乎都不太友好,但是在小虫子眼里它们却都那么的有意思,这是个多么乐观开朗的小虫子呀!

(四)学习第7自然段

1. 师:我喜欢当一只小虫子,当我快乐的时候我会怎么样呢?

2. 齐读第7自然段。

三、回归整体,朗读全文

师总结:同学们,这篇文章的作者是张月,她通过丰富而独特的想象,让我们走进小虫子的世界,和它们一起懊恼、一起快乐。请大家有感情地朗读课文,认识这只乐观的小虫子吧。

四、拓展阅读,巩固学法

同学们,今天老师还为你们带来一个有意思的小虫子,想认识它吗?快来读一读吧!

我是一条小蚯蚓

①我是一条小蚯蚓。

②蜘蛛(zhī zhū)是我的好朋友。我想邀(yāo)请他到地下玩,于是我努力地教他怎样钻地。一开始他全部的脚都卡住了,后来又吞了一堆土,可是却原地不动,一点儿也没钻进去,我放弃(qì)了。

③婶婶告诉我,礼貌非常重要。所以今天我对遇到的第一只蚂蚁说"早安"。没想到他们的队伍可真长,足足有六百只蚂蚁。_____。昏头昏脑地在那儿站了整整一天。

④作为一条蚯蚓,也有不好过的时候。那天蜘蛛和我吵架,说有脚才算酷(kù),然后他就跑了,我使劲地追呀追,就是追不上,哦,也许他说的没错。我们的身体很小,有时候大家甚至忘了我们在这里。然而,就像妈妈常说的那样,我们能够帮助地球呼吸,所以地球永远不会忘记我们的存在。

学习提示:

1. 读一读短文,注意把字音读正确。

2. 读一读第③自然段,想象接下来"我"会做什么有趣的事呢?试着写在"____"上。(不会写的字可以写拼音)

3. 小蚯蚓的生活有意思吗?画出相关的句子,再读给同学听一听。

【**设计意图**:学生的想象力只有在一定的情境中才能被唤醒。在教学中教师为学生拓展了短文《我是一条小蚯蚓》,并就学生最感兴趣的部分设计了写话练习,以此训练学生练习上下文展开想象自由表达的能力。】

五、回归整体、课外延伸

师:这条有意思的小蚯蚓就是绘本《我的日记》的主人公,其实法布尔也写了一本有关昆虫的书,名字叫《昆虫记》,书里面的小虫子都特别有意思。到底怎么有趣呢?自己课余时间去读一读吧。

【教学反思与改进】

本课教学力求应用温情、亲切的话语带学生进入想象的世界，鼓励学生畅所欲言、自由表达从而达到语用的目的。

1. 品读课文，夯实想象之基。

本课教学中教师带领学生朗读课文、品味语言，在品读中理解小虫子的生活是多么有意思。此过程教师抓住动词，让学生边读边模仿小虫子的动作，丰富了感性知识，增加了表象储备，为学生想象奠定了基础，让学生的想象更贴近文本。

2. 联系生活，寻找想象之源。

记忆表象储存数量是学生想象力发展水平的基础。学生脑海中储存的表象越多，生活经验越丰富，想象力发展的水平就越高。因此，教学时，在学生对小虫子可以免费旅行表现出兴趣后，教师适时出示花朵、蘑菇、荷叶、小草等图像资料，为学生想象说话补充知识表象。

3. 拓展阅读，提升想象之能。

学生的想象力只有在一定的情境中才能被唤醒。在教学中教师为学生拓展了短文《我是一条小蚯蚓》，并就学生最感兴趣的部分设计了写话练习，以此训练学生根据上下文展开想象自由表达的能力。

《蜜蜂》教学设计

学科：语文　　　　　　　　　　　　年级：三年级
单位：首都师范大学附属顺义实验小学　　教师：刘颖婷

【教学内容分析】

一、内容分析

本文作者是法国昆虫学家法布尔，他以第一人称写了他所做的一个实验，即证实蜜蜂具有辨认方向的能力的实验，体现了他严谨的科学态度和求实作风。这一单元的人文主题在于激起学生对生活中事物的好奇心进而引起学生的观察，而本课"蜜蜂"这一常见的昆虫恰恰能激起学生对生命领域的探索和生活中自然现象的好奇。

课文共有 8 个自然段，可分三个部分。第一部分（第 1 自然段）交代了法布尔想做实验的目的。第二部分（第 2 ~ 7 自然段）写了他实验的经过。第三部分（第 8 自然段）写了实验得出的结论。在实验的经过部分，具体介绍了实验的步骤：先是捉些蜜蜂放进纸袋，让它们与外界隔绝；接着走到四公里外给蜜蜂做上记号后放飞，这样能增强实验的说服力；然后记录飞回的蜜蜂数，用数据证明蜜蜂确确实实有辨认方向的能力。从这些实验步骤中可以感受到作者严谨、求实的工作态度。

课文的第 2 自然段，除了写法布尔的具体做法外，还写了他在实验过程中观察到的情况及由此产生的内心想法。当法布尔看到"被闷了好久的蜜蜂向四面飞散"时，他猜测它们"好像在寻找回家的方向"；当法布尔看到"刮起了狂风，蜜蜂飞得很低，几乎要触到地面"时，他猜测"大概这样可以减少阻力"，并怀疑它们"怎么能看到遥远的家呢？"；从这样的表述中可以了解到实验中法布尔进行了深入思考。课文第 3 ~ 7 自然段用较多的笔墨写了"记录实验结果"的过程（即：法布尔放蜜蜂的时候将近两点钟，"两点四十分"飞回两只，"傍晚时"飞回三只，"第二天"飞回十几只），从中可以了解到法布尔观察时间比较长，有耐心；搜集的数据充分，讲实证。这印证了法布尔曾说过的话："在对某个事物说'是'以前，我要观察、触摸，而且不是一次，是两三次，甚至没完没了，直到没有任何怀疑为止。"

二、语言特点

这篇文章语言表述十分严谨、客观。在交代做实验的目的时，用了"听说"一词；在实验未果前用的是"好像""大概""推测""可能"这些不确定的词语，来表达内心的猜测；在得出结果后用的是"至少""准确无误""确确实实"；尤其在表述实验所获时，用了"不是……而是……"这样一组关联词，在否定前一种说法的同时，坦然说出自己也无法解释这一现象。

三、插图情境

文中的插图给学生以丰富的想象空间，使学习更具情境化。一只只蜜蜂在空旷的草地上飞舞，在寻找回家的方向；一个小女孩站在草地上，她抬起头观察着飞舞的蜜蜂，是小女儿在等待实验归来的蜜蜂……

【学生情况分析】

三年级的学生处于中年级阶段，对事物还不能科学客观地评价。蜜蜂是学生日常生活中常见且喜爱的昆虫，但学生们仅仅是喜欢看，很少甚至没有人真正地观察过蜜蜂的生活习性，也很少有人思考蜜蜂是如何找到家的。绝大多数学生需要通过查阅书籍、上网查资料的方式来认识蜜蜂。基于此，教师要利用多媒体搜集呈现图片，以求达到更为直观形象的效果，为学生能够观察事物的变化提供有力帮助。

本单元的语文要素"观察事物的变化，把实验过程写清楚"，是三年级上册第五单元"体会作者是怎样留心观察周围事物的""仔细观察，把观察所得写下来"的巩固延伸和拓展。通过之前的学习和测试，教师发现学生都能基本掌握观察的方法，大部分学生知道如何仔细观察，且能用自己的话说一说。此时，教师应当尝试放手，以学生为主，让学生自主交流，教师进行相应指导，激发学生观察事物变化的兴趣，为后续习作做准备。

【教学目标】

1. 默读课文，能按顺序说出实验过程，体会法布尔思考的过程，感受法布尔严谨、求实的科学态度。

2. 运用多种方式，体会课文用词的准确。

3. 学习观察事物的方法，养成留心观察周围事物的习惯，发现生活之美，并能用自己的话准确地表达自己的发现和思考。

4. 对实验和大自然中的现象产生兴趣，能够对未知事物进行发现和探索并积极思考。

【教学重难点】

教学重点：默读课文，能梳理并按顺序说出实验过程，体会法布尔思考的过程，感受法布尔严谨、求实的科学态度。

教学难点：体会课文用词的准确，学习观察事物的方法。

【教学过程】

一、复习回顾，引发思考

1. 回忆：课文主要内容。

2. 质疑：法布尔在实验过程中做了什么？他为什么做这些？

【设计意图：通过整体感知，帮助学生回忆课文内容，与第一课时建立衔接，并通过质疑，引发思考，让学生明确本节课的任务，为接下来的阅读奠基。】

二、品读梳理，交流探究

1. 出示：

做什么	思考
捉蜜蜂，放进纸袋 走四公里路 做记号，放蜜蜂 等蜜蜂，做观察	

再读课文，想一想：他做这些，是为什么呢？

预设1：学生可能会说，法布尔想要验证蜜蜂是否有辨认方向的能力，从实验目的进行思考，聚焦第1自然段。

> 听说蜜蜂有辨认方向的能力，无论飞到哪里，它总是可以回到原处。我想做个实验。

预设2：学生可能会根据生活经验和自己的知识，结合法布尔的做法，认为把蜜蜂放进纸袋就是相当于蒙上它们的眼睛，不让它们认识回家的路；走了那么远，就是给它们增加难度，看看蜜蜂是不是能找回家；做记号是为了看看回来的是不是自己放飞的蜜蜂……学生会结合实验过程中观察前的做法，说出法布尔这样做的目的，也是基于第1自然段的实验目的。顺势板书：有目的。

【设计意图：这一环节，激发学生对实验的兴趣，触发学生的思维点，同时了解法布尔做这个实验的目的，融入了自己的思考，学生能真正体会到作者的

想法，要思考的内容是基于实验目的的，做了很充分的理解。】

2. 依据表格，说一说法布尔做实验的过程和思考。

引导学生学习抓住关键词语进行概括的方法，用"先……接着……然后……最后……"的句式组织语言，梳理实验的过程。

过渡：其实，法布尔不仅在做实验的过程中有很多思考，你还发现哪儿有他的思考呢？（实验目的、实验结论中也有他的思考，在观察中思考。）

3. 完善表格，思考法布尔是一个怎样的人。

做什么	思考	观察
捉蜜蜂，放进纸袋 走了四公里路 做记号，放蜜蜂 等蜜蜂，做观察		

（1）交流汇报。

多媒体出示：

> 这时候刮起了狂风，蜜蜂飞得很低，几乎要触到地面，大概这样可以减少阻力。我想，它们飞得这么低，怎么能看到遥远的家呢？
>
> 在回家的路上，我推测蜜蜂可能找不到家了。
>
> 它们两点四十分回到蜂窝里，肚皮下面还沾着花粉呢。

学生找到"观察"的句子，体会到他是个善观察、爱思考、观察细致的人，并出示板书。

（2）对比"观察与思考"，体会法布尔边观察边思考的做法。

小结：法布尔是带着自己的思考，有目的地进行观察，他的观察贯穿实验的始终，法布尔不仅爱观察而且会观察，他真是一个善于观察和思考的人！

【**设计意图**：学生通过梳理法布尔的所思、所做，进一步理解实验，为后续体会法布尔的实验态度和精神做准备，同时帮助学生了解课文的写法，知道如何将"观察"与"思考"的内容表达出来，体现思维的价值。】

4. 体会用词的准确。

回顾法布尔的思考过程并出示：

> 二十只<u>左右</u>被闷了好久的蜜蜂向四面飞散
>
> 第二天我检查蜂窝时，发现了<u>十五只</u>身上有白色记号的蜜蜂
>
> <u>至少</u>有十五只没有迷失方向

（1）质疑：这样一个善于观察的人，为什么用了"二十只左右、至少"这样的词语呢？让学生发现带点词语的用词准确。

预设：四面飞散是无法细致数清的；"至少"说明最少有十五只没有迷失方向，他观察得特别细致；这样的词语还有"将近、大约……"

（2）感受法布尔严谨求实的态度。

【设计意图：提示学生体会课文语言的准确性，采用圈画、对比朗读的方法，可以帮助学生感受"好像、大概、推测、可能"等表示不确定的词语，其实是语言严谨、客观的表现。】

三、树立形象，感受科学

正是这样认真观察、积极思考，进行严谨实验的法布尔最终得出了自己的结论：蜜蜂靠的不是超常的记忆力，而是一种"我"无法解释的本能。

1. 揭示"本能"，播放蜜蜂辨认方向的视频。

2. 对比法布尔得出的结论。

法布尔由于当时的条件和限制，没有办法确定这种本能到底是什么，但是后人通过科学技术手段验证了蜜蜂的这种能力，这正是法布尔追求事实、尊重事实的表现。

3. 拓展资料：《昆虫记》中米诺多蒂菲家族的介绍。

小结：法布尔不仅观察蜜蜂这种昆虫时是如此细致严谨，他观察每一种昆虫都是这样，就像他自己曾经说过的话。

出示资料袋：

> 法布尔曾经说过："在对某个事物说'是'以前，我要观察、触摸，而且不是一次，是两三次，甚至没完没了，直到没有任何怀疑为止。"

【设计意图：通过相关资料和现代科学研究蜜蜂的视频让学生感受法布尔严谨求实的科学态度，鼓励学生养成认真观察、勤于思考的习惯。】

四、链接生活，有序表达

（一）介绍实验，有序表达

用上"先……接着……然后……最后……"的句式，把自己生活中的小实验介绍给大家，注意要把你的观察和思考说清楚，让同学加以评价。

（二）链接生活，学习记录

生活中也有很多像蜜蜂辨认方向一样有趣的实验，请回忆一下在生活中有没有这样引发你思考的现象呢？试着用法布尔严谨的记录方式，把你探究的过程用表格的形式记录下来吧!

【设计意图】:链接生活,把语言的实践与内容的感悟巧妙地结合在一起,促进学生高阶思维发展,落实单元词句段运用,让学生关注自然,产生科学探索的兴趣。】

作业布置:

1.把自己的实验信息填写在书上的实验图表中。

2.借助书上的实验图表,写一写自己做的小实验。写完后读一读,看看自己的实验过程是否写清楚了。

板书设计:

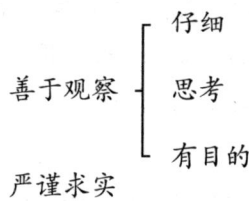

【教学反思与改进】

此课感触最深的就是"思维点",怎样研读教材,设计有效问题,让学生思维的火花燃烧起来,是最难的。在执教《蜜蜂》一课时,我由回顾内容入手,聚焦验证蜜蜂是否有辨认方向的能力,从法布尔做实验过程中的观察以及他的思考提取信息,感受实验过程的仔细与严谨的态度,进一步抓住表示时间的词语,体会观察的持续性,接着通过对法布尔记录实验过程用的"二十只左右、至少、大概、几乎"等不确定词语的理解,加深对法布尔严谨、求实工作作风的认识,继而得出实验结论,对比实验目的,明确法布尔设计实验的所作所为及这么做的原因,发展学生思维。本节课让学生有了思维的提升与发散,同时注重前后内容的勾连,由点状思维到有了串联的意识,还将句式的训练这个小点,扩展到立足整体,对应实验的过程,用上表示先后顺序的词语训练表达,同时为单元习作做好铺垫;再者,将学生的思维引向更深层次,可以设计学习任务单,将法布尔所做所想设计成表格,小组交流想法,由讲内容深化为加入想象讲好故事,引发兴趣的同时,让学生在循序渐进的理解中,自然而然生发表达,真正理解运用。

《蜜蜂》教学设计

学科：语文　　　　　　　　　　　　年级：三年级
单位：北京市顺义区李桥中心小学校　　教师：刘秀清

【教学内容分析】

《蜜蜂》是统编教材三年级下册第四单元的精读课文，选自法布尔的名著《昆虫记》，属于科学小品文。本单元的语文要素是"借助关键语句概括一段话的大意"和"观察事物的变化，把实验过程写清楚"。本设计围绕核心重点设计学习活动，让学生在真实的语言情境下展开学习，落实训练重点。

【学生情况分析】

三年级学生对这样题材的文章很感兴趣，而且乐于实践。但在语言能力、思维逻辑、分析文本的能力上逐步体现出差异。对于文章整体把握和梳理脉络有些学生会有一定困难，而对于深入品读文本、体验主要人物的思想和行为学生则有很强的探究愿望。

【教学目标】

1. 复习"概、阻"等9个认读字、"蜜、蜂、辨、阻"等12个会写字和"蜜蜂、辨认"等词语。
2. 默读课文，能梳理并按顺序说出实验过程。
3. 感受法布尔严谨的科学态度和求实的科学作风。

【教学重难点】

教学重点：默读课文，能梳理并按顺序说出实验过程，感受法布尔严谨、求实的科学态度。

教学难点：体会边实验边思考，语言表达的科学准确性。

【教学过程】

一、回顾课文，复习生词

1. 复习词语，开火车朗读：

逆风　阻力　沿途　陌生　辨认　超常　检查　跨进　准确无误

2. 指生板书课题，检测词语"蜜蜂"的书写情况。

3. 回顾课文内容：上节课，我们初读了课文，学习了生字新词，知道课文写的是法布尔为了验证蜜蜂有辨认方向的能力做的实验。

课文按照什么顺序来写的？（板书）实验目的、实验过程、实验结论。

二、走进实验，感受精神

（一）了解实验目的，初识法布尔

1. 边读边思考：法布尔为什么要做这个实验？

出示：

> 听说蜜蜂有辨认方向的能力，无论飞到哪里，它总是可以回到原处。我想做个试验。

（1）引导学生关注"无论……总是"：说明蜜蜂辨认方向的能力很强。

（2）引导学生关注"听说"：表示不一定真实可靠。

2. 法布尔给你留下什么印象？（乐于探究）

【设计意图：按顺序学习课文，抓住重点词语解读文本，初识法布尔乐于探索、求真求实的科学态度和探究精神。】

（二）理解实验步骤，走近法布尔

1. 法布尔是怎么做实验的呢？默读课文第2自然段，同桌合作将课后题补充完整。

预设：学生在老师指导下，初步提炼到：捉蜜蜂　放进纸袋　走四公里放飞　观察记录。

2. 指导学生用"先……接着……然后……最后……"梳理实验步骤。

【设计意图：本段内容是学习重点，教师注意给学生充分的时间，并注重借助表示先后顺序的词语规范学生的表达。】

3. 情境对话，理解实验背后的精心。

情境带入："小女儿"和法布尔先生一同参与了这个实验，对于父亲的行为她心中一定有很多"未解之谜"，她又会对父亲提出哪些问题？法布尔先生又会怎样回答她呢？

（1）出示质疑范例：你能结合文中的内容，替法布尔先生回答这个问题吗？

（2）引导学生进入情境，充分自主地提问、解疑。（学生分别扮演法布尔、小女儿。）

小女儿	法布尔先生
1.爸爸，您为什么要做这样一个实验呢？ 2.……	1.因为我想知道蜜蜂是否有辨认方向的能力。 2.……

（3）归纳总结问题，解答疑问。

小女儿	法布尔先生
捉二十只左右？ 背上做记号？ 装在纸袋里？ 走四公里路？	样本足够，能说明问题 容易区分 避免其他因素的干扰 路程远，避免蜜蜂认识路线

4. 这样的法布尔又给你留下怎样的印象？（严谨有序、考虑问题全面、态度认真等。）

【设计意图：简单的动作背后，有着法布尔周密的思考、计划和安排，环节不能少，步骤不能乱，充分体现了法布尔的严谨。创设情境，让学生进行角色对话，不仅激起学生阅读兴趣，更帮助学生深入了解实验步骤，做到知其然，更知其所以然，在交流中感悟法布尔的严谨和认真等高贵品质。】

5. 放飞了蜜蜂后，"我"看到什么，想到什么？

（1）请同学们边读边分别用直线和波浪线画出所见和所思。

出示：

> 二十只左右被闷了好久的蜜蜂向四面飞散，好像在寻找回家的方向。这时候刮起了狂风，蜜蜂飞得很低，几乎要触到地面，大概这样可以减少阻力。我想，它们飞得这么低，怎么能看到遥远的家呢？

（2）边观察边思考的法布尔给你留下什么印象？（仔细观察，善于思考……）

6. 体会用词准确。

出示：

> 那二十只**左右**被闷了好久的蜜蜂向四面飞散，**好像**在寻找回家的方向。这时候刮起了狂风，蜜蜂飞得很低，**几乎**要触到地面，**大概**这样可以减少阻力。我想，它们飞得这么低，怎么能看到遥远的家呢？

（1）读一读，思考：这些词语去掉可以吗？（数量不确定，引导学生体会法布尔用词准确、表达严谨。）

（2）像这样的表达，文中还有很多，找一找、读一读，体会表达的精准。

> ①在回家的路上，我推测蜜蜂**可能**找不到家了。
> ②我放蜜蜂的时候是**将近**两点钟，也就是说，在**大约**三刻钟的时间里，那两只小蜜蜂飞了四公里路，这还包括了采花粉的时间。
> ③这样，二十只**左右**的蜜蜂，至少有十五只没有迷失方向，**准确无误**地回到了家。尽管它们逆风而飞，沿途都是一些陌生的景物，但它们**确确实实**飞回来了。

（3）小结：法布尔善研究、会表达，实验严谨，表达准确。这些词语看似模糊，却表现了法布尔严谨的态度，不愧是著名的昆虫学家、文学家。

【**设计意图**：关注实验过程，体会法布尔的科学品质；关注文本表达，体会法布尔的严谨，同时也领略文学大师的表达技巧。】

（三）了解实验结果，敬佩法布尔

1. 蜜蜂找到家了吗？法布尔经历了怎样的观察和思考？在老师指导下整理实验记录：

将近2:00	2:40	傍晚	第二天
放飞	飞回两只	另外三只	十五只
推测可能找不到家	速度快 惊喜激动	不能验证	可以验证

2. 法布尔得到了怎样的实验结果？说说你的理解。

出示：

> 这样，二十只左右的蜜蜂，至少有十五只没有迷失方向，准确无误地回到了家。尽管它们逆风而飞，沿途都是一些陌生的景物，但它们确确实实飞回来了。

3. 与开头做对比，他得到了什么结论？

（1）蜜蜂有辨认方向的能力。（呼应开头）

（2）靠的不是超常的记忆力，而是一种我无法解释的本能。（得出"这是一种本能"的结论。）

4. 总结延伸，引入资料袋："在对某个事物说'是'以前，我要观察，触摸，而且不是一次，是两三次，甚至没完没了，直到没有任何怀疑为止。"体会法布尔的科学精神。

三、读写结合，拓展延伸

（一）课文写的是一项实验，如果让你写一项实验，你觉得可以从本文中学到什么？（实验步骤要写清、表达要精准。）

（二）小练笔：记录科学小实验

1. 观察实验：神奇的不倒翁。
2. 梳理实验步骤。
3. 说说实验过程、实验结果。

```
实验名称：
实验准备：
实验过程：
第一步，
第二步，
第三步，
……
实验结果
```

（三）布置作业

1. 书写本课生字生词。

2. 仿照课后的图表，回忆自己做过的一项小实验，或者亲手做一项小实验，记下操作的步骤。

3. 倡议：阅读《昆虫记》。

一部世界昆虫的史诗、哈佛大学 113 位教授推荐的最有影响的书。

板书设计：

14. 蜜蜂

实验目的	实验过程	实验结论
验证	捉蜜蜂	本能
辨认方向	放进纸袋	
	走四公里放飞	
	观察记录	

【教学反思与改进】

本设计遵循文本特点，尊重学生的原始学情。从学生感兴趣的话题切入，创设学生感兴趣的语言情境。课堂首先是学堂，让学生在自由的环境里学习，激发学生展开语言活动的愿望。

课堂上，如果能为学生创造更多的朗读机会，让学生在朗读中体会作者表达的思想感情，将会让学生有更多的收获。

《火烧云》教学设计

学科：语文　　　　　　　　　　　　　　年级：三年级
单位：北京市顺义区李桥中心小学校　　　教师：肖启荣

【教学内容分析】

《火烧云》是部编语文教材三年级下册第七单元的第三篇课文。单元人文主题为：奇妙的世界。阅读要素为：了解课文是从哪几个方面把事物写清楚的。《火烧云》一课通过具体形象的语言向学生展示了旖旎的自然风光、奇妙的自然景观，激发了学生热爱大自然的思想感情。本篇课文的作者是著名作家萧红，她用优美的语言为我们描绘了夏季傍晚，天空中火烧云颜色和形状的变化，表达了对大自然的喜爱之情。全文按照火烧云上来了、火烧云变化、火烧云下去了的顺序，紧扣一个"变"字，将火烧云色彩绚丽、瞬息万变的景象表现得淋漓尽致。全文脉络清晰、结构完整；内容丰富，富于变化；语言富有韵律美感，尤其体现在描绘火烧云颜色的词语上，给读者以美的享受。

【学情分析】

在学习本课前，一部分学生看到过火烧云，但并未仔细观察研究过，没有深刻的感受。结合三年级学生对世界充满好奇，喜欢新鲜事物且想象力丰富的特点，在学习本课时，教师可结合学生生活经验，设计能够激发学生兴趣的学习活动，引领学生充分感受火烧云的美以及作者的写作方法。

【教学目标】

1.通过朗读、想象等方法，发现作者是如何抓住火烧云颜色绚烂、变化极快的特点进行描写的。

2.学习作者的表达方法，展开合理想象，尝试把自己的想象写生动、写具体。

3.能有感情地朗读课文，边读边想象画面，感受火烧云神奇的变化，产生观察与探索大自然奥秘的兴趣。

【教学重难点】

感受火烧云特点，了解作者是从颜色、形状方面将火烧云的变化写清楚的。

【教学过程】

一、复习词语，回顾主要脉络

（一）复习字词

同学们，上节课，我们一起学习了火烧云的第一课时，认识了字词，谁愿意来读一读。

> 紫檀色　笑盈盈
> 红彤彤　金灿灿　凶猛　威武　镇静　一模一样
> 恍恍惚惚　揉眼睛

（二）回忆课文主要脉络

看着词语，回忆一下，作者是按照怎样的顺序来写火烧云的呢？

预设：上来—变化—下去（板书）

（三）读了课文，火烧云给你留下了怎样的印象？

预设：美丽，瞬息万变……

小组合作分部分：读一读课文，再次感受火烧云的美丽。

二、模拟活动，激发学习兴趣

（一）创设"美景推荐员"活动情景

火烧云的景色多么美丽呀！课前，很多人告诉老师，特别想让家人带着自己实地去看一看这大自然的奇观呢！想说服家人那可要看大家的本领了！下面我们进行"我是美景推荐员"模拟活动，试着介绍介绍火烧云的美景。

出示任务：

> 我是美景推荐员
>
> 推荐美景：呼兰城的火烧云
>
> 推荐目的：让人们产生到呼兰欣赏火烧云的愿望，让更多人知道祖国美好风光，感受到自然魅力。

（二）了解推荐员标准

你们认为怎样才能当好呼兰河火烧云的美景推荐员呢？

预设：向别人介绍清楚，有感情，脱稿……

多媒体出示：美景推荐员标准。

入门级美景推荐员	进阶级美景推荐员	金牌美景推荐员
能用相关语句说清楚火烧云的特点	熟练地介绍出火烧云的特点	有感情地介绍火烧云的特点，让听众产生看火烧云的愿望

三、深入品读，感受特点

（一）聚焦重点段落，发现特点

1. 哪个部分突出写了火烧云的特点？

预设：变化时的景色。

2. 发现变化特点。

> 读一读第3～6自然段，想一想，火烧云变化时有着怎样的特点？是从哪几方面叙述清楚的？

交流：萧红笔下的火烧云变化时有着怎样的特点呢？美景推荐员们，谁愿意用简要的语言说一说。

预设：颜色多，变化快

形状多，变化快

小结：萧红从颜色、形态两个方面写出了火烧云变化多的特点。（板书：颜色、形态）

（二）感受火烧云颜色的变化

现在我们离成为一名入门级的推荐员又进了一步，下面就要找一找哪些语句说明了这些特点。

首先，我们一起看看从哪儿可以感受到颜色变化又多又快。圈一圈关键词语，画一画相关语句。

1. 读出颜色。

出示：

> 这地方的火烧云变化极多，一会儿红彤彤的，一会儿金灿灿的，一会儿半紫半黄，一会儿半灰半百合色。葡萄灰、梨黄、茄子紫，这些颜色天空都有。还有些说也说不出来、见也没见过的颜色。

预设：从"红彤彤、金灿灿、半紫半黄、半灰半百合色、葡萄灰、梨黄、茄子紫"感受到颜色多。从"一会儿"可以感受到变化快。

2. 小试牛刀，发现用词特点。

同学们，刚才我们已经感受到了火烧云颜色变化得多与快，还发现了作者萧红写作的奥秘。下面，我们就来小试牛刀。

（1）首先，谁能试着摆一摆、说一说。

（小组合作摆一摆、读一读）（板贴）

出示：

> 这地方的火烧云变化极多，
> 一会儿（　　）的，一会儿（　　）的，
> 一会儿（　　　），一会儿（　　　）。
> （　　）、（　　）、（　　），这些颜色天空都有。
> 还有些说也说不出来、见也没见过的颜色。

指名汇报。

（2）采访：这么多颜色，你是怎么记住顺序的呢？

预设：作者在描写颜色时用词很有特点，红彤彤、金灿灿。

出示：

> 红彤彤　金灿灿
> 半紫半黄　半灰半百合色
> 葡萄灰、梨黄、茄子紫

（3）请你试着再说几个类似的。自由选一类说一说。

火烧云的颜色真多呀，也许就真有你介绍的那些颜色呢！小组内每人选一类，填一填。

（4）小试牛刀：小组内试一试，全班展示，师生评价。

（为介绍得好的同学颁发奖章）

(三)感受形状变化多与快

1.还想不想继续当美景推荐员？

出示任务：

> 从哪儿可以感受到火烧云形态变化得又多又快？读一读第4~6自然段，圈一圈关键词语，画一画相关语句。

预设：从变成了马、大狗、大狮子等可以看出变化形状很多。从"一会儿、两三秒钟、忽然、接着、一转眼"可以看出变化快。

2.对比阅读，感受文字魅力。

我们班的一位同学是这样说的，你觉得他介绍清楚了吗？

出示：

> 火烧云形状变化又多又快。一会儿变成了马，忽然又来了一只狗，接着又变成了大狮子，美丽极了。

预设：不如原文生动，也不够细致。

3.学习第4自然段，品味语言。

这个变化多，有点儿难，没关系，我们先来介绍马这一段。

（1）出示第4自然段，读一读，你的脑海中出现了怎样的画面？

预设：马的出现、变化、消失。

（2）品味语言：你最喜欢哪个画面呢？为什么喜欢呢？读一读、画一画。小组交流。

第一个画面：描写具体（方位、动作），还加入了自己的想象。

第二个画面：变化得快写得非常具体、有趣。

发现语言特点：都有"了"，非常有节奏感。

第三个画面：消失。

（3）师生对读，发现写作特点。

一会儿，天空出现了什么？

这匹马什么样子？

过了两三秒钟发生了什么？

最后怎么样了？

发现特点：萧红按照"出现—样子—变化—消失"这样的顺序来写。（板书）

（小组内试着介绍，评选出小组的金牌推荐员。）

总结学法：

①读一读，想画面。

②画语句，感受画面。

③对读，读出画面。

④迁移学习方法，自主学习第5、6自然段。（小组合作学习，完成思维导图。）

⑤对比阅读，发现写作特点。

预设：火烧云变化越来越快、越来越多。

四、感受惋惜之情

出示最后一段。

你读出了什么？

预设：惋惜，变化快，真想再看看，等等。

五、作者介绍，推荐阅读

我们要珍惜身边的人、事、景。这不禁让人想起了萧红女士。她是"民国四大才女"之一，去世的时候只有31岁，令人惋惜。火烧云这篇文章就选自她写的《呼兰河传》。

六、出示书评

它是一篇叙事诗，一幅多彩的风土画，一串凄婉的歌谣。（茅盾）

今天就把这本书送给大家，希望同学们有时间能读一读。

七、作业

必做：

1. 把火烧云的特点介绍给家人，争当金牌美景推荐员。

2. 留心观察生活，仿照课文写一写火烧云。

选做：读一读《呼兰河传》，积累优美词句。

【教学反思与改进】

《火烧云》是一篇写景的文章，描写的是晚饭过后，火烧云从上来到下去的过程中颜色和形状的变化，表现了作者热爱大自然、热爱生活的思想感情。在设计本文的教学过程时，我力求在各个教学环节中体现学生在学习中的主体性。

一、抓住一个"读"字，锤炼语言美

《火烧云》以"变"字统领全篇，且节节有"变"，使自然之美、人与物之美在"变"中表现得淋漓尽致。比如"天上的云从西边一直烧到东边"一句，一个"烧"字，道出了火烧云的范围之大、气势之宏、色彩之艳。文中还用了很多叠词，如"笑盈盈""红通通""金灿灿""偏偏"以及"跑着跑着""恍恍惚惚"等，不仅增强了语言的音乐性，而且形象地描绘出火烧云的色彩、形状变化及人物的情态。在教学时，我注重学生的朗读，让学生在朗读中感悟火烧云的美，从而激发学生对火烧云乃至自然景观的喜爱。

二、抓住一个"多"字，领略色彩美

第3自然段主要写了火烧云的颜色多、变化快。为了感受火烧云的颜色美，我让学生圈出描写火烧云颜色的词语：红彤彤、金灿灿、葡萄灰、茄子紫、半紫半黄、半灰半百合色，并配以图片认识这几种颜色，给学生直观的感觉，边读边想象，加深对颜色的理解，体会火烧云的颜色美。而后我又引导学生发现这3组描写颜色的词语的规律：第一组为"ABB"形式，第二组为"事物＋颜色"，第三组为"半……半……"，接着我让学生试着说一说。短短几分钟，他们就说出了多个不同形式的描写颜色的词语，既加深了对火烧云颜色美、变化多的理解，又丰富了学生的语言。最后，我采用活动的形式让学生进行填空，加深印象，助力学生背诵。

《军神》教学设计

学科：语文　　　　　　　　　　年级：五年级
单位：北京市顺义区裕龙小学　　教师：施林超

【教学内容分析】

《军神》是部编版小学语文五年级下册中的一篇精读课文。这篇课文记叙了刘伯承在重庆治疗受伤的眼睛时拒绝用麻醉剂的事，表现了刘伯承钢铁般的意志，表达了作者对刘伯承的敬佩和赞扬的感情。

课文先写沃克医生给刘伯承检查眼睛伤势，发现这个"邮局职员"是个军人；接着写沃克给刘伯承做手术，刘伯承拒绝使用麻醉剂；最后写手术后沃克医生对刘伯承的钦佩，称他为"军神"。课文按事情发展的顺序，通过对人物语言、神态、动作的描写，表现人物的品质。

本课是《军神》一课的第二课时。

【学生情况分析】

经过第一课时的学习，学生已经学会 13 个生字，能够正确、流利、有感情地朗读课文；初步体会和感悟刘伯承钢铁般的意志，从而学习老一辈无产阶级革命家为了实现革命理想坚定刚毅、勇于战胜一切的伟大精神。

【教学目标】

1. 从文中找出对沃克医生动作、语言、神态的描写，体会他的心理变化。
2. 以沃克医生的口吻讲一讲这个故事。

【教学重难点】

教学重点：说出沃克医生是怎么发现刘伯承是军人的，以及称他为"军神"的原因。

教学难点：能从描写人物的动作、语言、神态的语句中体会人物的内心。

【教学过程】

一、紧扣细节，体会意志

（一）教师引导

上节课，我们学习了课文的第一部分。沃克医生断定刘伯承是一位军人，他为什么如此肯定？

预设：因为这么重的伤势，只有军人才能这样从容镇定。

课件出示：病人平静地回答："沃克医生，眼睛离脑子太近，我担心施行麻醉会影响脑神经。而我，今后需要一个非常清醒的大脑！"

1. 当时，刘伯承心里在想什么？

预设：想指挥好以后的战斗，我一定要有一个非常清醒的大脑，所以我不能打麻醉剂，它会影响脑神经。为了带领人民打胜仗，过上好日子，我什么样的痛都能忍受。

2. 这是一个怎样的军人？他竟然为了保持清醒的大脑而情愿忍受常人无法忍受的剧痛，摘除坏死的眼珠、割掉烂肉和新生的息肉却不打麻醉剂。

预设：这是一个为了人民可以做任何牺牲的军人。

3. 刘伯承说这句话的时候是平静的，请同学们平静地读一读这句话。（指名学生读）

4. 他说这句话的时候也是坚定的，请同学们再坚定地读一读这句话。（指名学生读、齐读）

（二）手术是否顺利进行？

请大家认真朗读课文的第二部分（第 16 ~ 17 自然段）。（课件出示第 16 自然段）

1. 从对沃克医生动作、语言、神态的描写中，你体会到了什么？

预设：沃克医生做手术的时候很紧张。

2. 沃克医生为什么这么紧张？

预设：他担心病人做手术的时候，无法忍受那钻心的疼痛而晕过去。病人晕了，医生的手术就无法进行，只能宣布手术失败。沃克医生因心生敬意很想救刘伯承，不想让手术失败。

（三）刘伯承忍受得住这钻心的疼痛吗？

课件出示：病人一声不吭，他双手紧紧抓住身下的白床单，手背青筋暴起，汗如雨下。他越来越使劲，崭新的白床单居然被抓破了。

1. 拿笔圈出体现刘伯承非常疼痛的词句。（指名学生说）

课件出示：一声不吭、紧紧抓住、青筋暴起、汗如雨下、床单居然被抓破。

2. 从这些词句中，你感受到了什么？

预设：感受到刘伯承所承受的痛楚、惊人的毅力和钢铁般的意志。

3. 沃克医生在给刘伯承做眼球摘除手术的时候，刘伯承痛得抓破了床单。当时刘伯承心里在想些什么？

预设：不管多痛我都得咬牙坚持住，我一定要坚持下去，一定能坚持到最后。

4. 谁能读出刘伯承的这份坚定和决心？（指名学生读—学生评价—教师范读—学生练习读—齐读）

（四）教师小结

只有体会到人物的心理活动，走进人物的内心世界，把自己当作文中的人物，入情入境地朗读，才能读得有感情。

【设计意图：紧扣细节描写，抓住课文对刘伯承在手术中的动作、神态的描写，以及对沃克医生做手术时的紧张的描写，体会刘伯承钢铁般的坚强意志。】

二、分析人物，讲述故事

（一）教师引导

难熬的手术终于结束了，当脱去手术服的沃克医生从病人口中得知自己一共割了七十二刀时，他惊呆了，刘伯承哪是一个普通的军人啊！他分明是"军神"！默读课文第三部分（第18～26自然段），用红笔画出沃克医生称赞刘伯承的句子。（指名学生说）

课件出示：沃克医生惊呆了，大声嚷道："你是一个真正的男子汉，一块会说话的钢板！你堪称军神！"

1. 读了这个句子，你最想弄明白的是什么？（指名学生说）

2. 生质疑，师梳理小结：①为什么说他是"真正的男子汉"？②为什么说他是"一块会说话的钢板"？③为什么称他为"军神"？

3. 手术前，沃克医生知道了刘伯承不是一般的人，是一位军人。手术后，沃克医生又认为他不是一般的军人，是一位军神。他和一般的军人有哪些不同呢？请快速浏览手术中和手术后两部分的内容，找一找哪些事情是一般的军人做不到而刘伯承做到了的。请你一边看一边画出相关的句子。（学生边找边画线）

4. 全班交流汇报。

5. 教师小结：在动手术的过程中，即使用麻醉剂也会感到疼痛，一般的军人都会叫出声来，而刘伯承在没有使用麻醉剂的情况下却一声不吭。一般的军人在动手术的时候不会记得割了多少刀，而他却一刀一刀地数，一刀都不漏。

6. 教师引导：这就是刘伯承和一般的军人的不同，他不是一般的军人。我们都有这样的体会，眼睛里面进了沙子或其他异物，你会感到不舒服，会痛出眼泪来，因为我们眼睛里的神经是最复杂的，所以在眼睛里面动手术，是非常痛的。但是在手术中，刘伯承却一声不吭，表现出惊人的毅力。手术后这一部分中的哪些词可以体现出他忍受了剧烈的疼痛？

预设：脸色苍白、勉力一笑。

7. 教师小结："脸色苍白、勉力一笑"体现了手术给他带来的剧烈的疼痛。经受了七十二刀，虽然脸色苍白，但他勉力一笑，将这个痛忍过去了，这证明了他有钢铁般的坚强意志。这时候他还能笑得出来，不愧是军神。

8. 你们发现了吗？第22自然段中有两个感叹号，这两个感叹号表达了沃克医生对刘伯承怎样的感情？

预设：敬佩、赞美。

师：带上这种敬佩和赞美之情，读一读沃克医生的这句话。（学生练读—指名学生读—齐读）

（二）教师小结

在手术过程中，刘伯承表现出了钢铁般的坚强意志，这是我们普通人，或是一个普通军人难以做到的，所以沃克医生称赞他是"一块会说话的钢板"，堪称"军神"。

（三）练习讲故事

假如你就是沃克医生，请以他的口吻按手术前、手术中和手术后的顺序讲一讲这个故事。（学生练习讲故事，同桌互相讲故事）

（四）指名学生在班内讲故事

【设计意图】：在整个学习过程中，教师要以读为本，引导学生在读中理解，读中感悟，尊重学生的独特感受，加强对学生读书的指导，适当补充资料，使学生入情入境，读得更有滋有味；要注意引导学生揣摩课文有特色的表达方法，如对话描写、侧面描写、细节描写等，渗透对写作方法的指导。教师要既注重语文的工具性，又注重语文人文性，使二者达到和谐的统一。】

三、扩展延伸，深化情感

（一）出示小诗，感情朗读

课件出示：

赞军神

英雄壮举泣鬼神，铁骨钢筋铸军魂。

七十二刀生死痛，胜似昔日刮骨人。

（二）教师引导

刘伯承真是意志如钢。他的毅力超过了一般的人，这样的人才是真正的军人，被称为——（学生接读）军神。

（三）"军神"称号

刘伯承被称为军神，绝不仅仅是因为这次手术。他文武双全，戎马一生。他领导晋冀鲁豫野战军，用小米加步枪战胜了全美械装备的国民党军队，同邓小平率部队行军千里跃进大别山。他与华东野战军合作，参与指挥渡江战役，之后，他主动请缨，率军解放西南地区。被誉为"将军的摇篮"的中国人民解放军军事学院是中国最高军事学府，其创建工作由刘伯承领导，第一位院长兼政治委员也是刘伯承。刘伯承为祖国的解放和建设事业，献出了毕生的心血，立下不朽的功勋，他堪称中国的"军神"。

（四）教师总结

刘伯承钢铁般的意志让人敬佩。在今后的生活中，我们也要向他学习，磨炼自己的意志，勇敢面对生活中的困难。

【设计意图：培养学生高尚的品德和健康的审美，让学生形成正确的价值观和积极的人生态度，是语文教学的重要内容。在这个环节，教师应注重挖掘教材中的情感因素，联系学生的认知世界和情感世界，使学生在潜移默化中受到文中人物精神的熏陶感染。】

【教学反思与改进】

教师在简单地导入新课后，指导学生带着问题自读课文，让学生找出文中刘伯承和沃克医生的对话，并且有感情地读一读。教师要求学生再读一读让自己感受最深的那次对话，还要和同学交流。两次自读课文的要求都很明确，而且时间很充裕。这样，在教师授课之前，学生已经大致地熟悉了课文，为后面的教师引导、学生自主学习做了很好的准备。

课堂上多让学生自由交流。教师要求学生先读一读自己感受最深的对话，然后谈一谈感受，让学生充分说，引导学生自己谈感受，在边读边说中感知课文。教师指导学生读刘伯承动手术的那一部分时，先让学生自己找一找感受最深的词语。学生边说边读，很快就找到了相关的词语，体会到了刘伯承的心理活动。

《习作指导课——中药材的自述》教学设计

学科：语文
单位：北京市顺义区李桥中心小学校
年级：四年级
教师：吴瑞

【教学内容分析】

中药材与学生的生活密切相关，很多药材不仅可以治病，还是养生的良药，有防微杜渐的作用。但资料中对于中药材药性、药效等方面的介绍比较难懂，因此本课在引导学生在实践中认识药材的同时，让学生学会用更易于接受的自述方式丰富他们对药材的了解。

【学生情况分析】

学生对中药材不太熟悉，虽然有些中药材就是生活中常见的食品，但学生却熟视无睹。因此在本课教学前，学生已开展了"中药材探秘"实践活动，通过搜集药材，了解药材特征，认识药性、药效等，为本课的学习奠定了学习基础。

【教学目标】

1. 学习用拟人的手法来写药材，要能抓住药材的特点，展开丰富的想象，写得具体、生动。（重点、难点）
2. 通过学写"药材的自述"掌握介绍生活中常见事物的方法，并领悟这样写的好处。
3. 产生对中药材进一步研究的兴趣。

【教学重难点】

教学重点：学习用拟人的手法来写药材，要能抓住药材的特点，展开丰富的想象，写得具体、生动。

教学难点：通过学写"药材的自述"掌握介绍生活中常见事物的方法，并领悟这样写的好处。

【教学过程】

一、活动掠影，导入新课

出示"探秘中药材"活动幻灯片。

师：同学们，上学期我们一起探秘中药材，查阅和了解了很多中药材的资料和知识。老师觉得你们都称得上是中药材的小行家！

【设计意图：以实践活动导入新课，唤醒学生头脑中关于中药材的知识，激发学生的兴趣，为接下来的习作做铺垫。】

二、通过对比，体会"自述"表达的优势

1. 出示：从《本草纲目》中挑选生活中常见的药材做介绍，学生把药材和图片对应起来。

> （1）山中之药、食中之药
> （2）身处污泥未染泥，白茎埋地无人知
> （3）此物棘如枸之刺，茎如杞之条，故兼名之
> （4）味甘、性温，能补中益气、养血生津。日食三颗，百岁不显老。

2. 出示用拟人的方式介绍中药材药效的一段话，对比古文的药材介绍，体会哪个更易理解、更有趣味？

> 我是一个身形长圆的小胖子，最爱穿一身翠绿色的大衣。秋风一吹，大衣逐渐变成了红色。你若是尝上一口，准会感到一丝丝醉人的香甜。我的营养可丰富了，不但可以补血，还能补气生津。如果你每天坚持吃上两三颗，保证会让你青春永驻。你能猜出我是谁吗？

师：细心的同学一定发现了，同一种药材，有两种不同的表述，你更喜欢哪一种呢？（组织学生讨论）

> ◆味甘、性温，能补中益气、养血生津。日食三颗，百岁不显老。
> ◆我是一个身形长圆的小胖子，最爱穿一身翠绿色的大衣。秋风一吹，大衣逐渐变成了红色。你若是尝上一口，准会感到一丝丝醉人的香甜。我的营养可丰富了，不但可以补血，还能补气生津。如果你每天坚持吃上两三颗，保证会让你青春永驻。你能猜出我是谁吗？

【设计意图：通过对"大枣"这种药材的两种表述的分析，使学生体会到自述这种表达形式的易于理解和趣味性。】

师：把语气变一变，将自己当成熟悉的事物，自己叙说自己、自己介绍自己的特点，这种表达方式，我们就叫它——自述。（板书：自述）

师：咱们学校的老师和同学们都对大家羡慕不已，他们也对中药材非常感兴趣。我们能不能做一期展览，把我们了解的中药材介绍给老师和同学们？

任务征集令

布置十一月份的校园展板

要求：1. 介绍一种熟悉的中药材

　　　2. 描述准确、具体

　　　3. 师生易懂、乐读

三、例文引路，学习"自述"表达

创设情境：

师：最近的天气忽冷忽热，老师的嗓子很不舒服。但是老师和大家一样，了解一些中药材的知识，知道用胖大海泡水喝，对嗓子很有好处。好东西要和大家一起分享，所以今天老师也给同学们带来一些。

1. 出示在热水中泡过的胖大海。

请同学说一说观察到了什么？

师：刚才我们观察到了胖大海放入热水中的样子，接下来请你再来观察没有泡过的胖大海，你可以摸一摸、闻一闻，甚至尝一尝它的味道。

2. 读例文，说一说都介绍了什么。（样子、药效、饮用）

3. 细读，例文是怎样介绍样子、药效的？（样子——抓特点；药效——联想）

四、自由表达，练习"自述"表达

1. 明确习作要求。

教师强调：今天要用"自述的形式"介绍中药材，就是要把你熟悉的中药材当作"我"来写，一定要让他人知道"我"的药性或药效。（相互探讨交流，和同桌说一说）

2. 组织讨论，如何联想。

3. 学生习作，教师巡视指导。

五、古今表达对比，明确用途

1. 指名交流"中药材的自述"，随机点评。
2. 简单介绍《本草纲目》。

> 为了写《本草纲目》，李时珍不但在治病的时候注意积累经验，还亲自到各地去采药。他不怕山高路远，不怕严寒酷暑，走遍了出产药材的名山。他有时好几天不下山，饿了吃些干粮，天黑了就在山上过夜。他走了上万里路，拜访了千百个医生、老农、渔民和猎人，学到了许多书本上没有的知识。他还亲口品尝了许多药材，判断药性和药效。

3. 思考：如果当时李时珍用"药材的自述"这种形式来介绍，你们认为可以吗？
4. 明确语言表述的形式是根据不同的场合、情境来定的。

附例文：

我是胖大海

大家好！我叫胖大海，又名大海子、蓬大海。最早出自李时珍的《本草纲目》。

我长得并不好看，两端尖尖的，中间鼓鼓的。既像橄榄又像枣核，我身穿灰褐色斗篷，斗篷上布满了弯弯曲曲的皱纹，身上散发出一股淡淡的中药味。别看我长得丑，把我放进热水里，就有神奇的变化了。只一会儿工夫，我的一端就裂开了，从裂缝中钻出了一些毛茸茸的东西，身上的皱纹也奇迹般地消失了。又过了一会儿，另一端也慢慢地裂开了，毛絮状的东西簇拥在一起，既像大白菜，又像一朵绽放开的菊花。

我的作用可大了，最擅长的是缓解咽喉肿痛。你看老师们每天上课要跟学生们一起读书，做题。下课还要跟学生们活动，多辛苦呀！这几天，好多老师的嗓子都沙哑了，这可轮到我大显身手了。告诉你个小秘密，只要每天喝一杯用我泡的水，就可以滋润喉咙，消肿止痛。这样老师就再也不用被嗓子不舒服困扰了，我厉害吧？

【教学反思与改进】

用一种新颖的方式，引发学生表达的愿望。引导学生去主动留心观察身边的事物。有了表达的欲望，结合表达的素材，学生就有了语言的生成。仅用一个生活中的小素材来激发学生的言语建构，让学生形成一种生活中处处可以表达的意识。

《习作指导课——介绍一种事物》教学设计

学科：语文　　　　　　　　　　　　　年级：五年级
单位：首都师范大学附属顺义实验小学　　教师：王轩

【教学内容分析】

本课是统编版语文教材五年级上册第五单元的习作课，本单元是说明性文章的习作单元。叶圣陶老先生说："说明文以'说明白了'为成功"。单元中有两篇精读课文《太阳》《松鼠》，在说明上两篇文章各具特色。《太阳》利用列数字、做比较、打比方等方法，用平实的语言介绍了太阳离地球远、大、热和太阳与人类、动植物的关系。《松鼠》一课，运用打比方、举例子、做比较、列数字等说明方法介绍了松鼠，采用人格化的写法生动形象地写了松鼠外形、性情和生活习惯。教学中教师应充分发挥精读课文的作用，着重落实语文要素——阅读简单的说明文，了解说明方法。

本单元习作重点落实"收集资料，运用恰当的说明方法，把某一种事物介绍清楚"这一表达要素。

1. 例文引路。本单元教材安排了两篇例文，分别是《鲸》和《风向袋的制作》。《鲸》是科普说明文，《风向袋的制作》介绍了制作风向袋的流程，两篇文章条理清晰，批注细致，指向"恰当的说明方法""用词准确"以及"分几个方面"来介绍事物，为学生建构了说明文表达的范式。教学中例文不得讲授，而应引导学生作前自读发现、作中导引和作后修正。

2. 习作内容。本次单元习作的任务是写一篇说明性的文章。单元习作第一部分以表格的形式给学生提供了丰富的习作素材，以拓宽选材的思路，并提出明确的习作任务。表格的第一栏，提示学生习作类别，可以从动物、植物、物品、美食以及其他感兴趣的内容打开思路。表格中第二栏及后面的题目，引导学生在选取说明对象时，可选如"菊花""灯"等生活中常见的事物，或者如"扫地机器人"等新奇有趣的事物，或者是生活中不常见的但自己感兴趣的事物，如"火星的秘密"；还可以选择对某类事物的某一个部位进行介绍，如"动物的尾巴"；

也可以是介绍某一种事物的制作或使用方法，如"涮羊肉的做法""怎样泡酸菜""溜溜球的玩法"。在表达上，可以模拟事物的口吻来介绍，如"袋鼠的自述""种子的旅行"。

3. 习作要求。教材从写前、写时、写后三方面提出了具体的习作建议。写前，要做好观察、搜集好资料，对事物有充分的了解，并且对要介绍的内容列提纲。这是对之前学习到的观察方法、收集资料的要点以及列提纲等内容的综合运用。结合说明性文章的特点，教材从内容、方法和篇章布局三方面提出具体的要求，其中"试着用上恰当的说明方法"是本次习作的重点。写时，要运用方法完成习作，做到"说明白了"。写后，学生要进行交流分享，把是否说明白、读者是否对所介绍事物产生兴趣、是否获得知识当作评价标准，让学生进一步体会到说明性文章在生活中的作用和价值。

【学生情况分析】

通过调研，我们了解到学生想介绍的事物十分丰富：动物、植物、美食、生活中的物品、方法流程，另外还有天文类、航天类、科学类、名胜古迹等，都是学生感兴趣的，因此我们要引导学生明确：介绍身边事物要先仔细观察，介绍离生活较远的事物要先搜集相关资料。

纵向梳理学生学过的内容，我们发现：四年级上册第三单元要求"写连续性观察日记"，要求学生"留心观察"；四年级下册第二单元接触过科普性文章，"初步认识常见的说明方法"；四年级下册第四单元学过"写自己喜欢的动物，试着写出动物的特点"；五年级上册第四单元学习了"收集资料、列提纲、分段叙述"。本次习作在此基础上，不仅从精读课文《太阳》和习作例文《鲸》指导学生发现如何使用说明方法，且通过"交流平台"让学生了解说明文的特点，还在"初试身手"中让学生试写说明文小片段。至此，本次习作虽是学生第一次写说明文，但对于把一种事物介绍清楚，学生在"观察""说明方法""抓特点""资料搜集"等方面是有一定基础的。把一个事物的特点用相应的说明方法和从事物的几个方面写清楚明白可能是习作的难点。

【教学目标】

1. 依据本单元学习内容，梳理说明文写法。
2. 根据习作主题，结合课前准备和教材内容，选择感兴趣的事物，确定习作主题并学列提纲。

3. 根据本次习作要求，结合自己的生活或兴趣爱好，选择自己喜欢的事物，运用恰当方法，写清其某一方面的特点（片段）。

【教学重难点】

教学重点：根据习作主题，结合课前准备和教材内容，选择感兴趣的事物，确定习作主题并学列提纲。

教学难点：根据本次习作要求，结合自己的生活或兴趣爱好，选择自己喜欢的事物，运用恰当方法，写清其某一方面的特点（片段）。

【教学过程】

一、结合生活与教材，确定主题

导语：第五单元是习作单元，我们学习了两篇课文，第一篇是《太阳》，第二篇是《松鼠》，同学们课下也阅读了两篇习作例文，《鲸》和《风向袋的制作》。正如叶圣陶老爷爷所说的——"说明文以说明白了为成功"。这节课我们的习作，就要通过收集资料，用恰当的说明方法，把某一种事物介绍清楚。下面我们上一节习作指导课，请同学们齐读课题：介绍一种事物。

（一）联系生活，交流想法

课前，为大家布置了预习：选择自己想介绍的事物。你想介绍哪种事物呢？请同学们拿出学习单，交流一下。（板书：写什么）

预设：（1）与动物相关，板书动物。为什么介绍这个？喜欢。好孩子，只有选自己真正喜欢的事物，才能给别人介绍清楚。若孩子说题目是"我家的狗"等，则建议用具体的名称《波斯猫》《泰迪狗》。（2）与植物相关，板书植物。（3）与物品相关，板书物品。若是生活中常见的，则表扬：真善于观察生活，相信你这次习作一定能成功。（4）与美食相关，板书美食。

（相机板书：动物、植物、物品、美食……）

导语：那么你想怎么介绍这个美食和做法呢？（若提到某一事物做法，则引导学生读习作例文2，了解写做法流程类）

【设计意图：结合课前预习，了解学生初始想法，了解学情。生活是写作的源泉，鼓励学生留心观察生活，并做好资料收集。】

（二）依据教材，确定题目

1.出示教材题目，选择材料。

教材关于选题也给了我们很多的指引，请大家翻开书观察第74页的表格，说说这些题目能给你什么启发？

与动物有关	恐龙	袋鼠的自述	动物的尾巴
与植物有关	菊花	热带植物大观园	种子的旅行
与物品有关	灯	扫地机器人	溜溜球的玩法
与美食有关	涮羊肉	怎样泡酸菜	我的美食地图
其他感兴趣的内容	火星的秘密	草原旅游指南	中国传统吉祥物

2. 交流习作题目，打开思路。

预设：（1）××的自述。则师启发：自述的题目需要用第一人称来写。（2）动物的尾巴。则师启发可以介绍一种动物或多种动物的尾巴的用处。（3）××大观园。则师启发介绍多种事物要详略得当，重点介绍1~2种最喜欢的即可，要突出重点。（4）××的旅行。则师启发要介绍过程及不同地方的特点。（5）××的玩法/怎样泡酸菜。则师启发选方法流程类，要学习习作例文2。（6）美食地图。则师启发写各地美食，写出美食色、香、味等特点，并结合当地习俗文化介绍。（7）旅游指南。则师启发爱旅游的学生，要结合资料把地方的旅游特色等相关内容介绍清楚。（8）中国传统吉祥物。则师启发，结合资料了解吉祥物的样子、特点、象征意义，及背后的传统文化。（9）火星的秘密。则师启发学生结合资料深入了解火星，把一个或几个方面的特点介绍清楚。

3. 确定习作题目，明确选材。

小结：请你最后确定写作题目，可以是之前的，也可以是受启发后修正的。

【设计意图：尊重学生已知，充分利用教材，打开思路，丰富选材视野。在交流中初步帮助学生确定写作的方向，为把说明文"说明白了"做准备。同时，适时引入习作例文，帮助学生发现写法。】

二、回顾课文和例文，梳理写法

导语：在开始写之前，我们先来回顾一下，我们所学的两篇课文，还有课前读过的两篇习作例文，在写法方面，给你带来了怎样的启示？（板书：怎么写）

预设：（1）运用列数字等说明方法；（2）抓住特点、作用介绍；（3）抓住（松鼠漂亮、驯良、可爱、勤劳等）几方面特点来写；（4）分段介绍不同方面。

（相机板书：抓主要特点、用恰当说明方法、分段介绍不同方面）

【设计意图：结合本单元学习的内容（精讲课文和习作例文），梳理总结把事物"说明白了"的方法，发挥教材的"例子"功能，通过交流发现写法的妙处，引导积累、迁移运用写法，为习作表达提供帮助。】

三、依据题目和要求，学列提纲

（一）学列提纲

导语：我们刚刚确定了主题，回顾了写法，如果让你介绍一种事物，你打算怎样介绍呢？

我们先列一个提纲。（可以参考屏幕上的格式，也可以使用思维导图）

```
题目：_____
一、_____
二、_____
三、_____
四、_____
……
```

（二）交流提纲（教师适时指导，修正问题，打开思路）

教师紧紧围绕阅读中发现的写法和本单元习作要求进行点评：1.分段介绍不同方面；2.运用了恰当说明方法；3.若是《××的自述》则注意提醒人称；4.若是介绍一种流程方法，则提示用表示顺序的词语，使步骤更清楚，还要注意介绍准备工作。

【设计意图：学列提纲是教材的要求，同时列好提纲也为写好习作提供支架，使学生明确要分哪些方面介绍、想清运用的说明方法等。学生布局谋篇的意识要随时培养。】

四、根据题目与提纲，习作片段

（一）明确要求，准备习作

导语：下面我们就要根据题目和所列提纲，写一个片段。写的时候需要注意什么呢？这正是教材提出的要求，请同学们读一读。由于这节课时间有限，下面我们只抓住事物的某个主要特点（方法的某一重要环节）来写。

（二）初试身手，下笔成段

【设计意图：习作重在落实。课堂上学生依据要求：抓主要特点、分段介绍不同方面、用恰当的说明方法，下笔成文。因课堂时间有限，故只写重点段落。】

五、展示作品与欣赏，点拨指导

（一）集体交流，相互欣赏，发现问题

导语：请几位同学上台展示。我们大家一起来欣赏，还可以提出宝贵建议。

交流后围绕以下要求欣赏与修改：

1. 运用了恰当的（鼓励运用多种）说明方法，更直观、准确地说明了特点。（若没运用多种说明方法，则建议：运用多种方法可以更好地表达，可引入例文《鲸》，借鉴写法）

2. 从几个方面写的。（写一个主要特点，可多角度介绍，并联系《鲸》《太阳》《松鼠》）

3. 写"自述"表达的，提示注意使用第一人称介绍，可以生动形象地说明白特点。

4. 写流程的。要注意顺序并运用说明方法，让流程更清晰，"以'说明白了'为成功！"

【设计意图：展示片段中，发现优点及共性问题，以评作讲，引导学生运用恰当方法将事物主要特点"说明白"，为完成整篇作文打基础。此过程要尊重学生，启迪思维，促进生成。】

（二）自主修改，课堂总结

总结：通过这堂课的学习，我们知道了如何运用恰当的说明方法来介绍一种事物：抓主要特点，多种说明方法共同说明，从不同方面介绍。请同学们结合大家的点评以及习作例文的写作方法，课下完成整篇习作，下节课我们进行习作讲评。

板书设计：

介绍一种事物——以"说明白了"为成功

写什么：动物、植物、物品、美食……

怎么写：抓主要特点　　　　　　　结合资料

　　　　用恰当的说明方法

　　　　分段从不同方面说明

【教学反思与改进】

整节课对教学目标进行了有效落实，学生交流了想法、打开了思路、总结了写法、根据提纲进行了片段习作、在同学互评以及教师引导中学会了如何把事物"说明白"。

美中不足的是在课堂开头板书跟进没有到位。因为学生思维开阔，初始选题想法五花八门。教师既要在交流选题时渗透给学生"贴近生活的事物要仔细观察、距离生活较远的要搜集相关资料"等注意事项，又要在学生发言时归纳选题类别进行板书，所以部分板书没有跟上，但在后来进行了弥补，并未造成太大影响。今后教师在课堂上应更加稳重，板书、指导应样样都跟进到位。

借助句式学推断，提升语言思维能力
——统编版一年级下册第七单元整体教学设计

学科：语文	年级：一年级
单位：北京市顺义区李桥中心小学校	教师：何悦

【教学内容分析】

部编教材一年级下册第七单元围绕"习惯"这一主题编排了四篇课文。

在人文主题方面，四篇课文具有一致性——良好习惯的养成。《文具的家》——爱护并自主管理学具的意识；《一分钟》——自主管理时间的意识；《动物王国开大会》——发布通知将重要的内容说清楚说完整的意识；《小猴子下山》——做事情有目标意识；《孙悟空打妖怪》——观察事物不要只看表象的意识。题材上，《文具的家》《一分钟》贴近学生生活，《动物王国开大会》《小猴子下山》是关于小动物的童话，而"语文园地七"中的"和大人一起读"——《孙悟空打妖怪》属于神话故事，这样的课文学生喜欢去读，也愿意去读。

在语文要素方面，"根据课文信息做简单推断"是本单元学习重点，同时也是本册下一单元（第八单元）的一个阅读能力训练点，是对一年级上册第八单元"初步培养学生寻找明显信息"和本册第二单元"找出课文中明显信息"进行的深化；同时也是在为二年级上册"能从文中提取信息，并进行恰当表达"进行铺垫，起着纽带的作用。在本单元此项能力的习得也体现出层次性：第15课《文具的家》可以适度引导学生准确提取信息；第16课《一分钟》要求学生根据课文内容和内在联系进行推断；第17课《动物王国开大会》要求学生根据已知内容对后边内容做出推断，建立完整信息体系；第18课《小猴子下山》要求学生整合信息，对问题做出判断；4篇课文依阶梯式前后勾连、层层递进。而"语文园地七"中的《孙悟空打妖怪》，也可以借助文本第一部分对"师徒四人"与"老妖婆"的介绍巩固学生提取信息并整理信息的能力。

阅读是运用语言文字获取信息、认识世界、发展思维、获得审美体验的重要途径。语文课程致力于培养学生的语言文字运用能力，提升学生的综合素养。它要求我们聚焦提升学生语文素养，提升学生语言思维能力，落实到本单元则体现为初步具备收集和处理信息的能力，提高学生的语言能力与思维能力。

经过近一年的学习，学生初步具备了提取信息的能力，能够提取课文中的明显信息，但是缺乏一定的条理性与完整性，因而对课文内在联系的整体把握还有所欠缺，需要教师引导学生在读懂课文、准确提取信息的基础上，建立信息完整的意识，根据课文内容整理信息从而进行简单推断。

本单元的另一个阅读训练重点是"分角色读好对话、疑问句与祈使句和读懂长课文"。这就需要学生充分地体悟角色情感，在此基础上进行充分朗读。我将朗读环节与本单元的口语交际"一起做游戏"进行结合，利用头饰小喇叭等道具，借助课文插图，结合闹钟声等背景音乐，配上动作创设情境进行游戏化表演，帮助学生更形象地体会故事中人物的感受，从而更准确地体悟角色情感读好对话与祈使句、疑问句。

本单元长课文居多，在文本结构方面，这三篇课文都具有结构重复、情感递进的特点，这更便于学生准确提取有效信息，也更便于教师引导学生建立课文内在联系。因此，教师更应该紧密结合文本、利用文本结构重复的特点教给学生利用课文信息进行简单推断的方法，并由扶到放、循序渐进落实语文要素，从而提升学生语言思维能力。

固定句式具有条理性、思维性，借助固定句式能够引导学生有针对性地提取信息、整理信息，理清文章内在联系，为利用课文进行简单推断奠定基础。同时，固定句式训练能提升学生语言表达能力。因此，进行固定句式的训练，是提升学生语言思维能力的有效途径。本单元教学设计将从不同角度引导学生依托文本利用句式进行推断，训练学生语言思维。

为了增强课堂的趣味性，让课堂氛围更符合低年级学生的心理特点，我将本单元语文要素与文本内容相结合，创设了"我是小小侦探家"的单元主题学习活动。创设情境巧设悬疑，通过"小小侦探家破案解谜"这一任务激发学生在这整个单元的学习探索积极性，让学生由"让我读"转变为"我要读"。

最后，结合文本与课后习题我们不难发现，"分角色读好对话与读懂长课文"贯穿本单元始终，而"根据课文信息做简单推断"则着重体现在第16、17、18课，所以我的教学设计也将在第15课《文具的家》借助插图提取信息、理解人物心情的基础上，主要围绕这三节课展开。本单元的教学设计将围绕"紧密依托文本，从不同角度利用固定句式，引导学生根据课文内容进行推断，提升语言思维能力"

这一目标展开教学活动，落实到这三节课分别体现为：

第 16 课《一分钟》：聚焦词语悟情感，借助句式悟推断，培养语言思维。

第 17 课《动物王国开大会》：抓住留白猜故事，巧依句式练推断，发展语言思维。

第 18 课《小猴子下山》：自填表格说句式，自主学习做推断，提升语言思维。

【教学目标】

1. 巩固 51 个认读字和 2 个偏旁，会写 27 个生字；掌握半包围结构字的书写笔顺规则。

2. 正确流利地朗读课文；分角色朗读课文，读好对话。

3. 联系上下文和生活经验理解"后悔"等词语的意思；会用"掰、扛、扔"等动词说话。

4. 借助插图、故事情节反复的特点读懂长课文。

5. 借助固定句式，根据课文信息做简单推断；借助文本情节，了解告知一件事情时，需要说清楚时间、地点等要素；能根据问题提取、整合信息，推断事情的原因、结果。

【教学重难点】

单元学习重点：借助固定句式，根据课文信息做简单推断；借助文本情节，了解告知一件事情时，需要说清楚时间、地点等要素；能根据问题提取、整合信息，推断事情的原因、结果。

单元学习难点：意识到养成良好的习惯的重要性，逐步树立爱护并自主管理学具、自主管理时间、发布通知将重要的内容说清楚说完整、做事情要有目标的意识。

【教学过程】

单元整体教学结构表：

"情境设疑：我是小小侦探家"——根据课文信息简单推断				
阶段	内容及课时安排	课型	活动环节	语文要素
第一阶段（2课时）悟推断，培养语言思维	《一分钟》第一课时	初读写字	1. 比一比（读课文） 2. 写一写（书写生字）	1. 正确流利地朗读课文 2. 正确规范书写
	《一分钟》第二课时 案件2：二十分钟去哪了？	精读悟"法"	1. 聚焦词语、对比阅读，感悟心情 2. 学句式，悟推断 3. 整理信息，推断解疑	1. 联系上下文、生活经验理解词语 2. 建立课文内在联系 3. 借助句式"要是……就……"进行逻辑推断
第二阶段（2课时）练推断，发展语言思维	《动物王国开大会》第一课时	初读写字	1. 比一比（读课文） 2. 写一写（书写生字）	1. 正确流利地朗读课文 2. 正确规范书写
	《动物王国开大会》第二课时 案件3：为什么大会开不起来？	精读练"法"	1. 抓住插图留白，猜故事 2. 借助句式整合信息，练推断 3. 课后习题——提取信息 4. 生活拓展——口头发布通知	1. 分角色读好对话，读好疑问句与祈使句 2. 利用文本结构重复的特点读懂长文 3. 根据已知信息对后面的内容做出推断 4. 了解通知要素
第三阶段（2课时）自主推断，发展语言思维	《小猴子下山》第一课时	初读写字	1. 比一比（读课文） 2. 写一写（书写生字）	1. 正确流利地朗读课文 2. 正确规范书写
	《小猴子下山》第二课时 案件4：我的"礼物"去哪了？	自主探究	1. 提取信息，自填表格 2. 整理信息，用句式自主推断破案	1. 借助插图读懂长课文 2. 体会不同动词表示的不同动作 3. 提取并整理信息，根据课文信息简单推断

《一分钟》教学设计（第2课时）

【教学内容分析】

1.《语文课程标准》指出：阅读教学应引导学生潜入文本，珍视学生独特的感受、体验和理解。在主动积极的思维和情感活动中，加深理解和体验，有所感悟和思考，受到情感熏陶，获得思想启迪。

2. 在语文要素上，本课要求学生联系生活实际进行角色体验，想象画面，指导朗读；并根据文本内容借助固定句式"要是……就……"做简单推断，发展学生语言思维。

根据文本内容做简单推断是对一年级上册第八单元"初步培养学生寻找明显信息"和本册第二单元"找出课文中明显信息"进行的深化；第16课《一分钟》在第七单元学习简单推断方面属于起始课，落实到本课体现在课后习题二：借助固定句式"要是……就……"，根据课文内在联系进行简单推断，也是在为第17课《动物王国开大会》、第18课《小猴子下山》进行铺垫。

3. 能正确、流利地朗读课文，读出元元沮丧、后悔的语气是本课的另一训练点。本课第2、3自然段结构相同，都是以"要是早一分钟就好了"结尾，这与课文开篇"再睡一分钟吧，就睡一分钟，不会迟到的"形成对比；同时这句话也与第5自然段老师对元元说的话"元元，你今天迟到了二十分钟"形成鲜明对比，有助于学生体悟主人公沮丧、后悔的心情。

课文配备了两幅插图，生动形象再现了事情的起因与结果，借助插图能够提高学生的积极性，帮助学生更好地读懂课文，感受人物心情。

【学生情况分析】

1. 元元的故事贴近学生生活，很容易被学生接受和理解，学生喜欢去读，也愿意去读。

2. 由于学生年龄较小，时间观念不强，对于如何珍惜时间缺乏感性的认识。教学时教师要充分利用课程资源，借助文本结构特点进行对比，并结合插图创设情境，使学生能够更快地进入情境中去读书，体会元元的后悔、焦急与尴尬，读出元元沮丧、后悔的语气。同时也使学生通过这个小故事引以为鉴，促使每个学生都能珍惜时间。

3. 学生均能够根据课文内容，借助"要是……就……"说句子，但是想要建立完整的内在联系，有顺序、有条理地说还有一定难度，因此要充分地引导学生在读懂课文的基础上，循序渐进，建构起课文的内在联系，从而完成课后习题二，并落实本单元语文要素。

【教学目标】

1. 巩固"钟、丁"等13个生字和"丁、元"等6个四会字，会写生字"钟"。

2.借助插图并通过角色体验有感情地朗读课文,读出元元沮丧、后悔的语气。

3.借助"要是……就……"句式,根据课文内容进行简单推断;联系自己的生活体验,初步学习管理时间。

【教学重难点】

教学重点:借助"要是……就……"句式,根据课文内容进行简单推断。

教学难点:借助插图并通过角色体验有感情地朗读课文,读出元元沮丧、后悔的语气。联系自己的生活体验,初步学习管理时间。

【教学过程】

一、揭示课题,临摹书写

板书课题,学生空中书写。"钟"是我们上节课学习的认读字,作为生字,你会写吗?看,老师还给大家带来了一首小儿歌呢,快来读一读吧!

"钟"字两边真友好,左窄右宽知礼让。

偏旁三横需注意,长短不一间隔匀。

掌握笔顺,摆好写字姿势与握笔姿势,再进行书写,描一写一。

展示学生作品师生点评、学生互评、自评后再写一个,争取写得更好看。

(评价角度:正确星、整洁星、美观星)

【设计意图:灵活处理写字活动,儿歌新奇有趣,在上课之初借助儿歌揭示课题,激发学生学习兴趣。引导学生自主观察生字的结构特点,体会发现的快乐,促进学生积极参与,逐渐养成独立识字、写字的能力。将正确、整洁、美观作为评价标准,深深植根于学生心中,利于学生养成良好的书写习惯。】

二、分类读词,再现故事

(一)创设情境

在《文具的家》成功帮助贝贝破解"文具丢失之谜"成立侦探事务所后,《一分钟》一课我们迎来了侦探所成立以来的第二位客人——元元,他向我们发出了这样的求助:(播放录音)"为什么我只贪睡一分钟,最后竟然迟到了二十分钟呢?"赶快跟随元元回到这篇课文,帮助元元找一找这20分钟去哪儿了吧!

【设计意图:情境设疑,激发学生学习探究的积极性,让学生由"让我读"转变为"我要读"。】

(二)分类读词,感知内容

刚才　　已经　　一分钟

背包　　汽车　　绿灯　　路口
决定　　坐下　　叹气　　洗脸　　迟到

（三）整体感知，归纳内容

快速朗读课文，在做到正确流利的同时想一想课文讲了一个怎样的故事？并试着用这样的句式进行概括。

预设：元元因为 贪睡一分钟 ，所以 迟到了二十分钟 。元元很 后悔 。

究竟又是因为什么使元元只贪睡一分钟就迟到了二十分钟呢？今天这节课我们来继续学习第16课《一分钟》。

【设计意图：检测学生对上节课内容的掌握情况，巩固所学的字词，同时分类将词语重组，在朗读中建立起词语的类别理念。采用固定句式"因为……所以……"帮助学生有条理地进行表达，从整体上理清故事情节，为深入学习奠定基础。上课伊始引发质疑，激发学习兴趣引领整节课，使整课教学内容与活动更加紧凑。】

三、创设情境，体悟情感

（一）巧设悬疑，激发兴趣

1. 下面请同学们悄悄跟着老师到元元家去看看。瞧，他在干什么？

（出示第1自然段与第85页课文插图）

师：你看到了怎样的元元？——贪睡，赖床。

师：此时的元元存在怎样的侥幸心理？——就睡一分钟，不会迟到的。

师：（播放背景音乐：闹钟声）谁试着一边表演动作一边读读元元此时此刻的想法，读出他的侥幸。

指名读、齐读、师读第一句，生读第二句并进行表演。

2. 师：元元到校了，你看——出示第86页课文插图与第5自然段，学生边读边演。

师：谁来扮演元元表现他此时的样子？（指名朗读表演）

面对老师的批评元元非常——后悔。

3. 出示第6自然段，理解"后悔"。

你知道什么是后悔吗？你什么时候会感到后悔？试着用"后悔"说一句话。

【设计意图：借助插图充分创设情境，多种方式进行朗读。利用文本结构特点前后对比，有助于学生体悟主人公沮丧、后悔的心情。】

（二）聚焦词语，感悟后悔，学句式，学推断

师：元元因为贪睡一分钟，却换来了深深的后悔，但是元元是挨了李老师

的批评后才后悔的吗？我们在课文2—4自然段中去寻找答案吧。

请大家打开书自由朗读第2—4自然段，用"＿＿"画出表示元元感到后悔的句子。

● <u>到了十字路口，他看见前面是绿灯，刚想走过去，红灯亮了。他叹了口气，说："要是早一分钟就好了。"</u>

1. 点红"刚想"，元元刚想走过，红灯亮了。你有什么感受吗？

2. 谁能通过朗读，让我们感受到只差一分钟。（指名读、齐读）

3. 是啊，只差这一分钟就没有赶上绿灯，难怪元元会感到后悔。谁来读读元元说的话，读出元元的后悔？（指名读、齐读）

4. 此时此刻元元会想些什么？最后试着用这样的句式说说。

要是早一分钟，就 <u>能赶上绿灯了</u>。

● 他向停在车站的公共汽车跑去，眼看就要到了，车子开了。他又叹了口气，说："要是早一分钟就好了。"

1. 元元哪个动作让我们感到他心里很着急？——跑。

2. 这句话中也有一个词写出了元元就差一点儿，你找到了吗？点红"眼看"。

3. "眼看"是什么意思呢？

4. 此时元元会想些什么呢？最后试着用这样的句式说一说。

要是能及时通过路口，就 <u>能赶上公共汽车了</u>。

5. 现在元元又错过了公共汽车，此时此刻的元元更后悔了。谁想来读？

（指名读、齐读，读出此时此刻元元更加后悔、沮丧的心情。）

【**设计意图**：结合生活实际，理解重点词语，教师引导学生感受元元此时后悔的心情。学生在教师的引领下学句式、悟推断。】

（三）对比阅读，体悟焦急，助积累，助推断

他反复说要是早一分钟就好了，因为这一分钟，他迟到了20分钟，这20分钟又去哪了呢？请你再来快速朗读第2—4自然段，用"＿＿"画出相关句子。

● <u>他等了一会儿，才走过十字路口。</u>

师：通过对比句子，理解词语"才"。说说你更喜欢哪一句？为什么？

他等了一会儿，走过十字路口。

他等了一会儿，才走过十字路口。

（突出了元元着急过路口的心情）

师：出示图片，想象心理。看，此时元元正在十字路口等红灯呐，他在想些什么呢？

元元想：要是能赶上绿灯，就_____。

● 他等啊等，一直不见公共汽车的影子，元元决定走到学校去。

师：通过对比句子，理解"等啊等"。说说你更喜欢哪一句？为什么？

他一直不见公共汽车的影子，元元决定走到学校去。

他等啊等，一直不见公共汽车的影子，元元决定走到学校去。

预设：同样是等，等的时间不一样，第二句时间更长。

师：他会想些什么？——公交车怎么还不来啊，再不来我就要迟到了！

你有过迟到的经历吗？试着分享一下你的心情。——焦急：害怕被老师批评、讲的知识没听到。

请你带着这样的心情再来读一读这句话。（指名读、齐读）

出示第5自然段，元元一步一步走到了学校，果不其然元元迟到了。这时的元元红着脸、低着头走进教室，听了王老师的批评心里会想？

要是 赶上公交车 ，就 不会迟到了 。

师：现在哪一位聪明的小侦探发现了，因为贪睡一分钟而耽误的二十分钟去哪儿了？

【**设计意图**：通过对比阅读删减前后的两组句子，感受元元更加后悔的心情并初步思考因贪睡一分钟而耽误的二十分钟去哪儿了。引导学生自己尝试借助进一步挖空的句式进行推断将元元心中的焦急表达清楚。感受课文中"才""等啊等"形象表达的好处，在潜移默化中帮助学生积累表达，为接下来的整理信息奠定基础。】

四、引导拓展，发展语言

理清了线索，就到了小侦探们整理信息，大展身手进行破案的环节啦！到了这里，我们就彻底明白了，为什么元元只多睡了一分钟就迟到了二十分钟。

（一）引导推断，发展语言

1. 自主阅读课文，比一比谁读得更有感情，并将元元上学路上的心中所想按时间顺序整理清楚。小组交流并进行汇报，试着用这样的句式说一说。

要是早一分钟，就能赶上绿灯了。

要是赶上绿灯，就_____。

要是能_____，就_____。

要是能_____，就_____。

2. 到了这里，我们就彻底明白了，为什么元元只多睡了一分钟就迟到了二十分钟。

聪明的你一定发现了原因，请你试着完成学习单第二题，帮助元元破案。

因为元元贪睡了一分钟，所以没赶上＿＿＿＿＿＿。

因为元元没赶上＿＿＿＿＿＿，所以＿＿＿＿＿＿。

因为元元没能＿＿＿＿＿＿，所以没赶上＿＿＿＿＿＿。

因为元元没赶上＿＿＿＿＿＿，所以只好走着去学校，这样元元就迟到了二十分钟。

【设计意图：完成课后习题，借助学习单，回归课文整体，理清全文信息，初步树立信息整体、全面的意识。因为前期已经充分学习了句式"要是……就……"，所以在这里可以适当进一步挖空，对本课学习内容进行检测巩固与提升，同时提高学生依据课文内容进行简单推断的能力与语言表达能力，为第17课的学习奠定基础。】

（二）续编故事，发展语言

这一天，元元因为贪睡一分钟，却换来了迟到二十分钟的教训。到了第二天早晨，丁零零，闹钟又响了，元元……

请你试着续编故事。

【设计意图：教师从人文角度出发，引导学生树立时间意识，让学生学会自觉合理规划时间。】

五、拓展阅读：名言警句

一寸光阴一寸金，寸金难买寸光阴。

一年之计在于春，一日之计在于晨。

明日复明日，明日何其多。

我生待明日，万事成蹉跎。

【设计意图：将人文主题由课文引申到课外，拓展阅读的同时帮助学生有意识地积累名言警句。】

板书设计：

16. 一分钟

要是<u>早一分钟</u>，就<u>能赶上绿灯了</u>。要是＿＿＿＿＿＿，就＿＿＿＿＿＿。

作业与拓展学习设计：

迟到的元元非常地失落，如果你是元元的同学，请你课下试着搜集有关珍惜时间的小故事，讲给元元听并劝导元元珍惜时间。想一想你会讲哪一个故事给元元听呢？为什么？

【教学反思与改进】

1. 多种形式促朗读，加强感悟。引导学生在多种形式的反复朗读中，整体感知文章，探究迟到的原因，加强对课文的理解和感悟。

2. 创设情境悟心情，体验角色。创设情境贯穿全文，让学生联系生活实际体验角色，想象画面，充分体会元元心情的变化。

3. 固定句式练思维，发展语言。本课重视"要是……就……"句式的练习，通过环环紧扣的文章内容做简单推断，训练学生的逻辑思维。同时，通过想象续编故事，提高学生的语言表现力。

《小猴子下山》教学设计（第2课时）

——自填表格说句式，自主学习作推断，提升语言思维

【教学内容分析】

本课属于部编版教材一年级下册第七单元，本单元围绕"习惯"这一主题编排了四篇课文。《小猴子下山》是一篇童话，讲述了一只小猴子下山来，因目标不明确、喜新厌旧，最终一无所获的故事。作为本单元最后一篇课文，学生易于体会"从不同角度感悟责任意识和养成良好习惯的道理"。但是难以具体感悟出"做事情要目标明确，始终如一"。在语文要素上，围绕课文进行简单推断依旧是本课的教学重点。本课要求学生提取信息、整理信息，并根据课文信息对"小猴子最后为什么只好空着手回家去"的原因进行简单推断。因为是本单元最后一课，有了第16课《一分钟》、第17课《动物王国开大会》的铺垫，本课可以作为能力迁移巩固课，放手让学生自主学习探究进行推断，为下一单元继续深入学习根据信息做简单推断打下铺垫。

本文图文并茂，语言简洁生动，构段清晰：第1、2、3、4自然段都是按"小猴子来到什么地方，看到什么，心情怎样，做了什么"这样的语言形式来构段的。对于这样结构的一篇课文，恰恰为学生自主探究、积累表达提供了适合的文本。教师应紧紧抓住这一特点教方法、理思路，带领学生学习第1自然段，学生自学第2、3、4自然段以巩固提升。

另外本课配备了五幅插图，图文并茂，如同连环画一般，使小猴子的形象更加直观。借助插图能够帮助学生更具体地体会小猴子的心情，读懂课文。

【学生情况分析】

低年级学生喜欢童话，有丰富的想象力，也有一定的语言积累和口语表达能力，具有初步的思维能力，对本文情节发展也容易读懂，很容易获得养成良好习惯的感悟，但是难以就这篇课文准确感知到"做事情要目标明确，始终如一"这一具体感悟，因此教师要紧密结合文本，引导学生充分提取信息、整理信息，发现小猴子最后之所以空着手回家，是因为做事情漫无目的、喜新厌旧。

经过第16课《一分钟》的初步学习推断与第17课《动物王国开大会》的学生尝试推断，学生对于利用上下文进行简单推断已经具备了一定基础。因此，在本课可以将前两节课的学习方法迁移到本课，在教师梳理出思路后放手让学生学以致用——借助表格提取信息、借助固定句式整理信息，在此基础上自己独立进行推断，从而对学生的推断能力进行巩固提升。

本文小猴子每次的心情是不一样的，它是呈层层攀升并隐含在文中三次"非常高兴"的表述下的，很难被发现和体会，所以体会心情的变化会有一定的难度。教师可以充分利用插图，引导学生充分朗读课文，并结合插图感受小猴子"非常高兴"的不同程度。

【教学目标】

1.巩固"猴、结、掰"等12个认读字和"块、非、往、瓜、进"5个生字，能够正确规范书写"块""往"两个生字。

2.借助插图，读懂故事内容，感受小猴子心情的不同变化。

3.提取并整理信息，能推断"小猴子最后为什么只好空着手回家去"的原因，初步明白做事情要目标明确，有始有终。

【教学重难点】

教学重点：能推断小猴子为什么只好空着手回家的原因，初步明白做事情要目标明确，有始有终。

教学难点：借助插图，读懂故事内容，感受小猴子心情的不同变化。

【教学过程】

在成功帮助元元和广播员狗熊破案后，侦探社名声大噪，大家都纷纷来到侦探社进行求助，今天小猴子也慕名而来向在座的小侦探们寻求帮助：（播放录音）"我刚刚下山去玩，山下风景可美了，我特别开心想带点儿什么回去作为礼物送给自己,可为什么明明路上看到了很多好东西,最后却空手而归呢?"这一次请你们鼓起勇气,自己迎接挑战独立破案!

一、分类读词,再现故事

(一)读词连线,复习积累

● 小猴子 非常 满树 西瓜 跑进 空手

请你先读一读,再试着将图片摆在对应的动词下方。

掰　　扛　　扔　　摘　　捧　　抱　　追

(二)初读课文,整体感知

课文你们还记得吗?请你打开课本,自读课文,一边读一边思考,这篇课文讲了关于小猴子的什么故事?

预设:小猴子下山先到了玉米地,掰了玉米;又到了桃树下,扔了玉米摘桃子;走到西瓜地里,扔了桃子去摘西瓜;最后看见一只小兔子,扔了西瓜去追兔子,小兔子跑了。小猴子空着手回家了。——相机出示插图

小猴子最后为什么空着手回家了呢?今天我们就带着这个问题,继续学习第18课《小猴子下山》,并试着自己破案。

【设计意图】:词语分两组呈现,一组为故事发生顺序,一组为课文中出现的动词,通过选出动词对应的图片可以提升学生学习兴趣、了解故事的顺序,便于学生巩固词义,感知课文行文脉络。】

二、由扶到放,品读提升

(一)梳理方法,学习表达

要想独立破案,要先学会破案方法,请小侦探们集中注意力啦,老师相信你们一定能学会!

1.出示插图1,自由读第1自然段,思考:小猴子来到玉米地看到了什么?做了什么?

预设:小猴子看见了玉米又大又多,掰了玉米,扛着往前走。

随着学生回忆内容,出示表格:

(小猴子)走到哪	看见什么	做了什么
玉米地	玉米又大又多	掰 扛

追问：小猴子看见大玉米的心情怎么样？

预设：非常高兴。

补充出示"非常高兴"。

（小猴子）走到哪	看见什么	做了什么
玉米地	玉米又大又多 （非常高兴）	掰 扛

2. 除了课文，你还可以从哪里感受到小猴子很高兴？

预设：从插图中可以感受到，小猴子的嘴是笑着的，眼睛是眯起来的。从表情可以感受到它非常高兴。

3. 请你试着用这样的句式说一说。

"小猴子走到……，他看见……，非常高兴，又做了……。"

4. 读第1自然段，戴上头饰，配上动作，读出小猴子高兴的心情。指名朗读、齐读。

【设计意图：问题带读，引导学生了解内容，把了解到的内容梳理成表格，发现写法。再结合插图感受小猴子高兴的心情，提供的表格和看插图的学习方法，梳理思路，为后续自主学习打下铺垫。】

（二）自主推断，训练表达

1. 自学交流，提取梳理信息。

小猴子扛着很大的玉米往前走，他又看到了什么？怎么做的呢？请侦探家们自由朗读课文，并仿照刚才的方法，完成表格，一会儿我们小组进行交流。

（小猴子）走到哪儿	看见什么	做了什么
玉米地	玉米又大又多 （非常高兴）	掰 扛
（往回走）		

请小侦探们继续用这样的句式跟小组的成员互相交流，一会儿我们进行汇报。

"小猴子走到……，他看见……，非常高兴，又做了……"

预设：小猴子走到桃树下，看见了桃子又大又红，非常高兴，就扔了玉米，去摘桃子。小猴子走到瓜地里，看见了西瓜又大又圆，非常高兴，就扔了桃子，去摘西瓜。小猴子往回走，看见了一只小兔子蹦蹦跳跳的，真可爱，就扔了西瓜，去追小兔子。

（小猴子）走到哪儿	看见什么	做了什么
玉米地	玉米又大又多（非常高兴）	掰 扛
桃树下	桃子又大又红（非常高兴）	扔 摘 捧
瓜地	西瓜又大又圆（非常高兴）	扔 摘 抱
（往回走）	兔子蹦蹦跳跳（真可爱）	扔 追

预设：学生可能填不出"真可爱"，可追问小猴子喜欢小兔子吗？课文里怎么写的？

2. 积累表达，深入体会"高兴"。

（1）请你观察一下课文和表格，你有什么发现？

● 引导发现，积累表达

预设：都是先写小猴子看见了什么，再写做了什么——引导学生进行积累。

小猴子的心情都是非常高兴的；都有"又……又……"的词语。

训练词语搭配：出示玉米、桃子、西瓜课文插图，请你试着仿照这样的方式说一说。

又大又多的玉米 ＿＿＿＿的桃子 ＿＿＿＿的西瓜

观察其他水果图片，请你试着自己说一说＿＿＿＿的香蕉等。

能不能想想生活中的其他物品，试着自己说说？

● 前三个自然段有什么相同的地方？

预设：可能还会发现前三次小猴子都非常高兴，但是理解"非常高兴"的程度不同有难度，可以通过提问并结合插图引导。

追问：（出示第1、2、3自然段插图）现在请你说一说小猴子下山看见玉米、桃子、西瓜都非常高兴，这三次"非常高兴"有什么不同？

预设：从摘桃子的图片看到小猴子咧开了嘴，可以看出来它是遇到了比玉米更让它喜欢的桃子。从摘西瓜的图片看到小猴子两眼放光，眼睛也睁得圆圆的，可以看出它越来越高兴了。

（2）朗读体会：再读这两个自然段，体会不同的高兴——自己读、指名读、评读。

【设计意图】：发现三段的结构和情感相同的基础上，初步感受表达的特点并进行积累。抓住文本情感线索之间的变化性的联系，引导学生感受情感线索层层攀升，最后迅速低落的线索，帮助学生理解课文。充分利用插图，帮助学生理解小猴子每次在得到喜欢东西时候的"非常高兴"程度的不同，一次次得到更好的，一次次越来越高兴，直至最后兔子跑了，它什么也没得到，此时的心情极度后悔、低落甚至是懊恼。在这种情感变化的体验基础上，引导学生理解小猴子为什么空手回家了？水到渠成引导学生了解做事要有目标，有始有终的道理，使目标得以落实。】

三、感知结果，获得感悟

过渡：小猴子抱着非常满意的大西瓜往回走，这回它又看到了什么？做了什么？

（1）小猴子下山来最后的结果是什么？

预设：小猴子空着手回家了。

（2）小猴子的大玉米、大桃子、大西瓜、可爱的小兔子都没有了，两手空空的小猴子，此时是心情怎样的？又会想些什么呢？（出示小猴子背影的图片让学生体会）

预设：小猴子失落、后悔、伤心、生气，小猴子会开始反思，甚至受到启迪等。

（3）小猴子下山掰了玉米，摘了桃子，摘了西瓜，追了小兔子。小侦探们现在知道它为什么最后却空着手回家了吗？

预设：①小兔子跑得快，小猴子追不上小兔子。②因为它把玉米、桃子、西瓜都扔了。③小猴子总是喜新厌旧。学生可能回答的程度不同，但是会在交流中不断修正自己的想法。

（4）朗读第4、5自然段，争取读出故事的情节和小猴子心情的变化。——男生读、女生读。

（5）如果你迎面遇到了小猴子，此时你想对他说些什么？

预设：①小猴子你看见桃子就扔了玉米，看见西瓜就扔了桃子，你这样就什么都不会得到了。②小猴子，想得到更好的不是错，但要懂得珍惜就对了。③小猴子你要想好自己要什么……

小结：学习了《小猴子下山》这个故事我们收获可真不少，感受了这篇课文写法的相同和小猴子心情的不同，知道了小猴子为什么空着手回家了，还建议小猴子下次要目标明确、有始有终。

四、规范书写

学习完《小猴子下山》这篇课文，我们已经会读了许多生字，那这些生字你们会写吗？今天，我们就来学习这"常""空"的写法。

1. 观察并说说"常""空"各部件的占位和书写要注意的笔画和笔顺。

预设：这两个字都是上下结构，"常"字小字头收紧，秃宝盖舒展，"扁口"位于横中线上方，巾略宽；"空"字上宽下窄，长短较一致，第一笔点与第七笔竖都位于竖中线。

2.教师范写，学生书空。

3.学生在教科书上描一个写一个，生生互评，反馈纠正后改错，再写另一个。

五、拓展阅读《小猫钓鱼》

阅读《小猫钓鱼》的故事。

小猫钓鱼

有一天，猫妈妈带着小猫到河边钓鱼。小猫看见蜻蜓飞来，他放下鱼竿去捉蜻蜓。蜻蜓飞走了，小猫空手回到河边。一看，妈妈已经钓到了一条大鱼。

小猫想：我也要钓一条大鱼，就又拿起鱼竿钓鱼。不一会儿，一只蝴蝶飞来了，这只蝴蝶可真漂亮呀，小猫越看越喜欢，于是放下鱼竿，又去捉蝴蝶。蝴蝶没捉到，小猫又空着手回到河边。一看，妈妈又钓了一条大鱼。

小猫对妈妈说："我怎么就钓不到鱼呢！"妈妈说："钓鱼要一心一意，你一会儿捉蜻蜓，一会儿捉蝴蝶，当然钓不到鱼了。"小猫听了妈妈的话，一心一意地钓鱼，终于钓到了一条大鱼。

提问1：为什么小猫开始总是钓不到鱼？

预设：它一会儿捉蜻蜓，一会儿捉蝴蝶，心不在焉、三心二意。

提问2：小猴子和小猫有什么相同之处？

预设：小猫在钓鱼时目标不够明确，一会儿捉蜻蜓，一会儿钓鱼，中途看见蝴蝶又去追蝴蝶。小猴子一会儿喜欢玉米，一会儿喜欢桃子，还喜欢西瓜和小兔子，最后什么都没有得到。

提问3：小猴子和小猫有什么不同之处？

预设：经过妈妈的劝导，小猫最后一心一意钓鱼，终于钓到了大鱼。小猴子却什么都没得到。

提问4：你更喜欢谁？为什么？

预设：一般学生会说：我更喜欢小猫，因为小猫后来很专一。也有学生会说更喜欢小猴子，小猴子有追求，胆子大，敢于挑战——引导学生有个性体验，说清理由即可。

【设计意图：语文阅读要由课内阅读向课外阅读拓展。适当引入课外阅读，可以帮助学生深层感悟内容，学会举一反三。】

板书设计：

18 小猴子下山

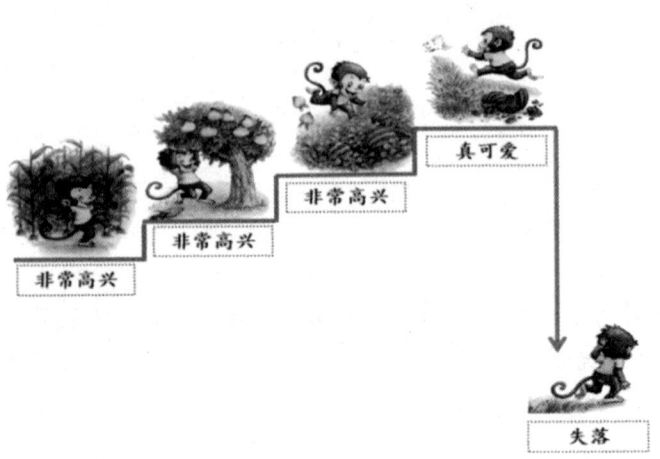

作业与拓展学习设计：

1.把这个故事讲给家人听。

2.尝试编一编故事：小猴子第二次下山。

【教学反思与改进】

（一）举一反三，学以致用

抓住文本构段方式相同，结构反复的特点，以第1自然段为例，用"小猴子看到了什么？做了什么？"的问题引导学生思考，将思考后的内容梳理成表格，思路清晰一目了然。在第2、3自然段的学习中，引导学生利用第1自然段表格梳理的方法自学并尝试自主推断，能力迁移、学以致用、进行巩固的同时适当发展学生的推断能力与语言思维能力，落实语文要素。

（二）注重联系，发展思维

抓住文本情感线索之间的变化性联系，充分利用插图，帮助学生理清层次，在理解小猴子每次在得到喜欢东西时候不同程度的"非常高兴"，在获得情感变化体验的基础上，引导学生理解小猴子为什么空手回家了？水到渠成引导学生了解做事要有目标，有始有终的道理，使目标得以落实，从而落实本课人文主题要素并发展学生语言思维能力。

（三）循序渐进，突破难点

明白小猴子做事无目标、不专一是本文的难点，引导学生结合童话的特点，采用推断"小猴子为什么空着手回家"，以及引导学生与小猴子对话，即如果你迎面遇到小猴子，你想对他说些什么？两种方式协同推进，落实目标。

创设真实语言情境，落实单元训练重点
——统编版一年级下册第八单元整体教学设计

学科：语文　　　　　　　　　　　　年级：一年级
单位：北京市顺义区李桥中心小学校　　教师：李书嘉

【教学内容分析】

本单元主题为"问号"，教学内容涉及三篇精读课文《棉花姑娘》《咕咚》《小壁虎借尾巴》以及相应的读写实践活动。课文融科学知识和生活常识于故事情节中，既有教育性，又富有童趣。课文设计了一系列的问题，在教学中，以问题入手，创设真实的语言活动引导学生入情入境，使学生对课文产生兴趣，从而激发学生探究知识的欲望。

【学生情况分析】

学生经过一年语文知识的学习，已经有了识字和阅读经验，可以在此基础上借助形声字偏旁表意的特点、联系上下文了解字义、猜读等方法进行猜字、识字。本单元还要让学生在实践中掌握"借助图画阅读"的方法。在此之前，我班学生已经能够根据文中插图读故事，但还处在比较浅显的层面。另外，还要让学生充分参与本单元的语言实践活动：借助图画读故事、讲故事、演故事，对他们来说有一定的难度。所以在教学过程中，我结合本单元课文的行文特点，打破课本原有的编排顺序，让训练层层递进，助力学生深入地理解课文内容，真正感受到阅读的快乐。

【教学目标】

1. 认识37个生字和3个偏旁，会写21个生字；能借助图画、形声字特点和生活经验去猜字、识字；继续巩固掌握半包围结构字的书写笔顺规则。

2. 正确、流利地朗读课文；借助图片，体验角色，读好对话，学习读出祈使句的语气。

3.联系上下文、生活经验、做动作等理解"惊奇、热闹、拨水"等词语的意思；积累"碧绿碧绿的""雪白雪白的"这类结构的短语。

4.能带着问题边读边思考，继续训练"根据信息做简单推断"的阅读能力，能带着问题看图读文，找到相关信息。

5.借助连环画理解课文内容，进行角色表演或讲出故事的主要情节，让学生在实践中掌握"借助图画阅读"的方法。

【教学重难点】

教学重点：借助连环画理解课文内容，进行角色表演或讲出故事的主要情节，让学生在实践中掌握"借助图画阅读"的方法。

教学难点：能带着问题边读边思考，继续训练根据信息做简单推断的阅读能力，能带着问题看图读文，找到相关信息。

【教学过程】

一、整体设计思路

本单元共用9课时完成。在本单元的教学设计上，教师打破了课文原有的编排顺序。《棉花姑娘》和《小壁虎借尾巴》这两篇课文有着相同的行文特点，把这两篇课文放在前两课时，目的是让学生在"一扶一放"中带着问题，从课文整体入手落实本单元的语文要素和训练重点。整体感知课文对一年级学生来讲是有很大难度的。在教学过程中，教师把《棉花姑娘》作为《小壁虎借尾巴》的铺垫，抓住契机，亲自带一篇，第二篇由教师引导学生学一部分。这样"给学生搭梯子、找抓手"的设计，使学生能从整体的角度去体会课文。结合课后问题，教师从三个方面入手：它遇到的困难是什么？它是怎么做的？结果怎么样？引导学生自读感知。

本单元出现了两篇没有全文注音的课文。在教学时，《小壁虎借尾巴》一课的教学要在进一步巩固、运用一年级上册《小蜗牛》的学习方法上开展识字，并运用形声字特点及借助图画猜字、认字，还要在此基础上借助偏旁表义的特点了解字义，并通过交流"是怎么猜出来的"提炼猜读的方法。《咕咚》一课的教学，在已学识字的基础上，继续发展学生的独立识字能力，教师只做引导。

单元的学习重点是借助图画阅读课文。为落实这一语文要素，教师的设计共分三个层次。第一层：借助图画，指导朗读。学习《棉花姑娘》时，先让学生体会棉花姑娘和小动物们的心情，再让学生借助图画，找出相关段落，进行有感情地朗读。第二层：借助图画，在表演中指导朗读。《小壁虎借尾巴》在学生充分体悟情感的基础上，借助图片表演故事的内容。此环节是在单元整体的构想下进行设计的，是学生借助图片对故事进行"读—演—讲"中的一环，使学生在真实有趣的背景下，乐于表达。第三层：借助图画，在讲中指导朗读。在《咕咚》一课中，我给学生创设了为电影配音的语言实践活动，利用书中插图，引导学生讲故事，力求情节完整。在学生充分体悟情感的基础上，让他们进行第二次电影配音，力求语言生动，让学生在实践中逐渐掌握"借助图画阅读"的方法。在真实的语言实践基础上，悟情得意，水到渠成，通过朗读表达情感。

"读出祈使句的语气，读好多个角色之间的对话。"是本单元需要落实的另一个语文要素。在课文《棉花姑娘》中，教师通过分配朗读任务，引导学生进入情境，读好祈使句的语气。在此过程中，教师引导学生发现正是小动物们之间的对话推进了故事情节发展，让学生初步体会童话故事的特点。

本单元要继续训练根据信息做简单推断这项阅读能力。教学形式上可以更放手，让学生带着问题看图读文，找到相关信息交流，互相补充。

二、重点课型教学介绍

第一节：初感知《棉花姑娘》

通过阅读全文教师引导学生理清故事情节的顺序，学生依据图片和相关信息进一步联系课文内容，在信息之间建立联系，体会文本内容。

在分配任务时，教师引导学生领悟到棉花姑娘和"其他小动物（燕子、啄木鸟、青蛙、七星瓢虫）"的对话，角色则可以分为棉花姑娘、"其他小动物"和课文的其他部分（旁白）。最后教师通过采访让学生体会到棉花姑娘这样的心情变化。

盼望→急切→高兴→惊奇→喜悦

第二节：提升课《小壁虎借尾巴》

《小壁虎借尾巴》与《棉花姑娘》有相同的行文特点，学生们通过自读课文，依据问题提示，从课文的整体入手，梳理出课文的主要内容，了解了壁虎、鱼、牛、燕子的尾巴的不同作用。教师通过"它遇到的困难是什么？它是怎么做的？结果怎么样？"这些问题引导学生从整体入手，自读感知。

因为有了《棉花姑娘》分角色朗读的经验，此时学生可以自主分配任务。（小壁虎、其他小动物、旁白）学生在感知整篇课文内容和体悟感情的基础上展开表演，在真实的语言实践情境下锻炼表达能力。

第三节：启思课《咕咚》

在前两节课的基础上，本节课要让学生根据已有的读连环画经验，锻炼学生能借助图画讲故事，把故事叙述完整。通过讲述故事的过程，对于原文生成学生自己新的理解。教师利用学生感兴趣的电影配音为活动环节，两次让学生进行配音。

第一次是在整体感知课文后；第二次是在体会文中人物感情后。两次配音的要求不同，第一次要求学生把故事叙述完整，这也是对前面学习的知识进行巩固。第二次配音是对"借助图画阅读课文"这一语文要素的能力提升，不仅要让学生借助图画讲故事，还要带有自己的情感，讲得生动、形象。

最后关联文本内容，体会野牛与其他小动物的不同之处，发现遇到问题自己要会独立思考，不要盲从。

《小壁虎借尾巴》教学设计（第1课时）

【教学内容分析】

《小壁虎借尾巴》是部编版语文一年级下册第八单元的第三篇课文，是一篇知识性童话。课文主要讲述了小壁虎被蛇咬住了尾巴，为了逃命而挣断了尾巴。小壁虎分别向小鱼、老牛、燕子去借尾巴，但是它们的尾巴都非常有用，不能借给小壁虎。正在小壁虎难过时，突然发现自己已经长出了新尾巴。全文以生动通俗的语言，介绍了鱼、牛、燕子等动物尾巴的不同作用，以及壁虎尾巴的再生功能。

本文是继一年级上册《小蜗牛》后第二篇没有全文注音的课文，这是锻炼学生探究识字方法、借助图画阅读的好机会。课文结构清晰。准确、丰富的词语运用是本文的一个语言特色，如，"小鱼摇着尾巴""老牛甩着尾巴""燕子摆着尾巴"，"摇、甩、摆"等词语形象地写出了不同尾巴的特点，读起来生动有趣，富有变化。文中对话较多，且富有浓重的感情色彩，教师可以指导学生分角色有感情地朗读，并进行表演。

本课以连环画的形式呈现，六幅插图生动有趣，浅显易懂，线索清晰、明了。教学中教师可以利用连环画课文的特点，让学生带着课后问题"小壁虎都找谁借过尾巴，结果怎么样"看图读文，找到相关信息，并连起来表演故事的主要情节。

【学生情况分析】

学生在之前的学习中，已经有了识字和阅读的经验，可以在此基础上借助形声字偏旁表意的特点和联系上下文了解字义、猜读等方法进行猜字、识字。我班从开学就开始了课外阅读，学生的识字量较大，这对他们独立认字、理解字义都有很大帮助。

学生已经在《棉花姑娘》这一课习得分角色朗读的方法，并且头脑中已经有了对这一课是按照棉花姑娘与其他小动物对话的形式展开描写的认识。这为学生在本课的自读学习奠定了基础。学生已经具备了借助图片有感情地朗读故事的能力，这为在本节课学生能借助图片表演故事做了铺垫。

【教学目标】

1. 通过图画、形声字等方法猜读生字的读音和意思；认识新偏旁"户字头"，正确书写生字"房"。通过表演体会"一挣、拨水、甩、摇"等词语的意思。

2. 了解小壁虎都找谁借过尾巴，结果怎么样。了解壁虎、鱼、牛、燕子的尾巴的不同作用。

3. 正确、流利地朗读课文；读好多个角色间的对话，体会主人公心情变化。通过借助图片分角色朗读，借助表演再现文中场景，体会人物心理。

【教学重难点】

教学重点：

1. 通过图画、形声字等方法猜读生字的读音和意思；认识新偏旁"户字头"，正确书写生字"房"。正确、流利地朗读课文；通过表演体会"一挣、拨水、甩、摇"等词语的意思。

2. 了解小壁虎都找谁借过尾巴，结果怎么样。了解壁虎、鱼、牛、燕子的尾巴的不同作用。

教学难点：读好多个角色间的对话，体会主人公心情变化。通过借助图片分角色朗读，借助表演再现文中场景，体会人物心理。

【教学过程】

一、随文识字，探索方法

1. 自由读课文，读准字音，读通句子。圈出不认识的字，猜猜它们的读音和意思。

2. 小组内交流：认识了哪些字？是怎么认识的？

3. 小组汇报：（提炼学生猜字方法，把学生猜读错误处改正。）

预设：学生1：我借助图画猜出：墙、拨、甩。

学生2：我利用"形声字特点"猜出：蚊、咬、赶、房、转。

学生3：我借助偏旁表意的特点知道了字的意思：咬、拨、赶、房、转。

4. 指导书写"房"。

（1）识记"房"字形。

房：形声字，学习新偏旁"户字头"。

（2）指导"房"书写。

引导学生观察，交流书写注意点。

房：注意半包围结构字的书写规则，"方"要写得饱满，一横伸出"户字头"。

（3）教师范写、学生练写，反馈评价。

【设计意图：为学生提供充足的时间，通过小组合作的方式，让学生互相交流自己的猜读方法，分享识字的快乐，再进行全班汇报。教师起到辅助作用，可以帮助学生提炼猜字方法，把学生猜读中的错误改正过来。】

二、整体入手，自读感知

师：同学们，小壁虎和棉花姑娘一样都遇到了不小的困难。你们还记得棉花姑娘都向谁寻求了帮助？结果怎么样呢？

组织学生依据这两个问题展开交流讨论；教师相机依次出示表格里的内容。

预设：

遇到的困难	她是怎么做的	结果怎么样
棉花姑娘生病了，叶子上有许多可恶的蚜虫。	①请燕子帮忙捉害虫； ②请啄木鸟帮忙捉害虫； ③请青蛙帮忙捉害虫； ④请七星瓢虫帮忙捉害虫。	①只会捉空中飞的害虫； ②只会捉树干里的害虫； ③只会捉田里的害虫； ④七星瓢虫吃光了蚜虫，棉花姑娘的病好了。

【设计意图：学生们通过相互补充，交流信息，重新梳理了《棉花姑娘》的行文特点。为接下来学生从整体入手感知课文的内容做好铺垫。】

师：同学们，你们发现了吗？《小壁虎借尾巴》和《棉花姑娘》有很多相似的地方，你能说一说吗？

预设：学生可能会说小壁虎也遇到了困难，也是去找不同的小动物来帮忙，最后终于解决了问题。

学生此时已经对课文结构有了初步的整体认识,接着教师引导学生结合课后问题深入整体感知课文的内容。

> 朗读课文,说说小壁虎遇到了什么困难,他都找谁借过尾巴,结果怎么样。

师:要想弄清这些问题可不是一件容易的事情,看看我们的"自学帮帮团"给我们出了哪些小妙招吧。

> 帮帮团小妙招
> 1. 借助连环画理解课文内容;
> 2. 借助上面的表格想一想;
> 3. 同伴之间互相交流、补充。

1. 学生借助图片朗读课文;
2. 学生依据问题提示口头填表;
3. 同伴之间互相交流、补充;
4. 引导学生全班展示、讨论。

预设:

遇到的困难	他是怎么做的	结果怎么样
小壁虎尾巴断了,想借一条尾巴。	①向小鱼借尾巴; ②向老牛借尾巴; ③向燕子借尾巴; ④爬回家里找妈妈。	①不行啊,尾巴还要拨水呢; ②不行啊,尾巴还要赶蝇子呢; ③不行啊,尾巴还要掌握方向呢; ④长出了一条新尾巴。

以上表格内容全部由学生口头表达,教师随机依据学生表述出示相关内容。

【设计意图:《棉花姑娘》与《小壁虎借尾巴》有相同的行文特点,学生们通过自读课文依据问题提示,从课文的整体入手,梳理出课文的主要内容,了解了壁虎、鱼、牛、燕子的尾巴的不同作用,为接下来表演故事做好铺垫。】

三、读好对话,体悟情感

师:同学们,还记得《棉花姑娘》我们是怎样来读的吗?如果请三位同学来朗读,你们会怎样分配任务呢?

同学们已经有了分角色朗读的经验,此时学生可以自主分配任务(小壁虎、其他小动物、旁白)。

师:分别请教读小壁虎、其他小动物和旁白的同学在朗读时应该关注什么。

以下环节教师随机指导。

1. 比较句子：

> 小壁虎爬呀爬，爬到小河边。
> 小壁虎爬到小河边。

提示：引导学生关注三个爬，指导读好"爬呀爬"；在读好词语的基础上朗读好句子。

2. 抓住"行吗"和"？"读出小壁虎商量的语气，抓住"您"读出小壁虎有礼貌。

3. 抓住"啊""呢"两个语气词，读好小鱼的话。

4. 通过朗读表达壁虎妈妈的温情和对小壁虎的疼爱。

四、悟情得意，表演对话

师：同学们，老师这里有很多头饰，你们愿意把这个故事表演出来吗？

（出示小壁虎、小鱼、燕子等头饰）

学生在感知整篇课文内容和体悟感情的基础上展开表演，在真实的语言实践情境下锻炼表达能力。

请学生戴着头饰，依据出示课文中插图内容展开表演。

教师随机指导学生通过表演体会"一挣、拨水、甩、摇"等词语意思。

【设计意图：此环节在单元整体的构想下进行设计，是学生借助图片对故事进行"读—演—讲"中的一环，使学生在真实有趣的语言实践背景下乐于表达。】

五、微课引入，质疑解疑

师：小壁虎神奇地长出了一条新尾巴，故事看到这里，你们有什么疑问吗？

预设：小壁虎的尾巴是怎么长出来的呢？

师：要想解开这个疑惑，还是要请教我们的"帮帮团"。帮帮团的伙伴们为我们带来了一节小微课，看了他们的讲解，你一定能找到答案。

出示壁虎尾巴是如何再生的微课。

板书设计：

21. 小壁虎借尾巴

一挣　拨水　甩　摇

作业与拓展学习设计：
1. 学生可以通过查阅资料或向别人请教，了解一些动物尾巴的样子和作用。
2. 学生可以根据查阅的资料，模仿书中第3—5自然段的写法，想一想，小壁虎还能向谁借尾巴，并进行创编对话。

《咕咚》教学设计（第1课时）

【教学内容分析】

《咕咚》是部编版语文一年级下册第八单元的第二篇课文。这是一篇童趣盎然、情节曲折的民间故事。课文讲的是一只小兔偶然听见"咕咚"一声，吓得拔腿就跑，其他动物也跟着逃跑，只有野牛提出质疑，大家去看了才明白"咕咚"原来是成熟的木瓜掉到湖里发出的声音。这个故事告诉大家：遇到任何事情一定要动脑筋想想或去实地看看，不要盲目跟从。

全文共有7个自然段，分成四个部分，并有其相对应的四幅插图，图画生动形象，学文时能帮助学生更好地理解课文、体会心情，锻炼学生借助图画讲故事的能力。其中课文第2、3、4自然段结构相似，都是先写了小动物怎么做，再写小动物怎么说，有利于学生读懂故事和讲述故事。本文也是继《小蜗牛》《小壁虎借尾巴》后出现的第三篇没有全文注音的课文，旨在进一步巩固学生运用借助书中图画、形声字特点、联系上下文等方法猜字、认字，继续发展学生独立识字的能力。

【学习情况分析】

经过前面的学习，学生能借助拼音读准难读的字音，比较正确流利地朗读课文。而且他们已经掌握了一些基本的识字方法，具备了一定的识字能力，可以进行自主识字。

本文生动富有童趣，在之前学习的基础上，学生很容易进入情境，从而读好文中多个角色说的话，也掌握了理解词语意思的方法，学习起来会轻松很多。并且在前两课的学习基础上，学生的能力有一定的提高，教师可以尝试让学生在本课中，借助图画把故事生动、有感情地叙述完整。本课将继续训练学生根据课文信息进行简单推断的阅读能力，对于学生来说会更加简单。教师可以创设情境，让学生借助图画自主进行推断。

【教学目标】

1.运用借助图画、形声字的特点等方法猜字、认字；正确书写生字"家、象"。通过联系上下文、借助图画、做动作等方法理解"拔腿就跑、热闹"等词语的意思。

2.能正确、流利地朗读课文。读好多个角色说的话，体会动物们的害怕与慌张的心情。能借助书中的图画有感情地讲述故事。

3.继续训练学生根据信息做简单推断的阅读能力，了解动物们为什么跟着兔子一起跑，野牛是怎么做的。

【教学重难点】

教学重点：

1.运用借助图画、形声字的特点等方法猜字、认字；正确书写生字"家、象"。通过联系上下文、借助图画、做动作等方法理解"拔腿就跑、热闹"等词语的意思。

2.能正确、流利地朗读课文。读好多个角色说的话，体会动物们的害怕与慌张的心情。

教学难点：

1.能借助书中的图画有感情地讲述故事。

2.继续训练学生根据信息做简单推断的阅读能力，了解动物们为什么跟着兔子一起跑，野牛是怎么做的。

【教学过程】

一、听音导入，激趣揭题

师：同学们，我们知道大自然是非常神奇的，它带给了我们许多的礼物。今天，大自然给我们带来了动听的音乐，让我们一起去听听吧！

1.听音辨物：播放小青蛙、小雨点的声音，学生猜。

预设：呱呱呱、沙沙沙。

2.看来，用心听才能猜出正确的事物。再听听这是什么声音？

（教师播放"咕咚"的声音）学生猜。

预设：咕咚。

【设计意图：学生猜声音，引起学习兴趣，能快速帮助学生进入情境。】

师：这个声音可在森林里引起了一件大事呢！下面就让我们一起走进第

20课。

（教师板书课题）

二、初读课文，猜读生字

（一）学生自主读文

师：借助书中插图，把课文读通，遇到有注音的生字多读几遍，遇到读不出的生字圈出来。

预设：圈出了"咕、咚、吓、羊、鹿、象、拦"。

（二）运用所学方法认字、猜字

1.这些不认识的生字，你想怎么认？

预设：学生1：我通过书中的图画猜出"鹿、象、羊"。

学生2：我通过"象"字的上半部分像大象的耳朵，下面的两个撇像它的牙猜出的。

学生3：我通过形声字的特点猜出"吓、拦、咕、咚"。

2.出示字的读音。

师：请同学们读一读。

gū	dōng	xià	yáng	lù	xiàng	lán
咕	咚	吓	羊	鹿	象	拦

3.这些生字又回到课文中了，这次一定要把字音读正确、读流利。

【设计意图：本课识字教学，重点是学生运用已学猜字方法，根据本课生字特点，进行猜字、识字。】

三、创设情境，整体感知

师：同学们你们看，今天老师给你们带来一部电影。这部电影，没有声音，你能看着画面进行配音吗？

教师出示电影片段：

预设：一个木瓜掉进湖里，兔子吓了一跳，拔腿就跑。动物们看见兔子跑，就跟着他跑起来，边跑边叫快逃命！野牛拦住大家问："'咕咚'在哪里，你们看见了？"大家都说没看见，只有兔子听见了。最后兔子领着大家来到湖边，看到木瓜掉进湖里，发出"咕咚"一声响。

【设计意图：让学生根据已有的读连环画的经验，锻炼学生借助图画讲故事，并要求把故事叙述完整。】

四、创设情境，研读文本

（一）体会心情

师：电影看完了，先别急着散场呢！我们跟着兔子来到这湖边。刚刚在看电影时，"咕咚"一声，兔子他是什么心情？

预设：兔子吓了一跳，特别害怕。

所以他……（拔腿就跑）你能做这个动作吗？

让我们带着这种害怕、慌张的心情，读一读这句话吧！

教师随机板书"兔子一听，拔腿就跑"，出示：

> 兔子吓了一跳，拔腿就跑。
> 兔子一边跑一边叫："不好啦，'咕咚'可怕极了！"

师：这里还有谁啊？

预设：小猴子、狐狸、山羊、小鹿、大象和野牛。

那他们又是怎么做？怎么说的？同学们可以看着书中插图，边读课文边圈画。

1. 看图自主学习第3~5自然段。

2. 学生交流汇报。（学生汇报，教师随机板书）

预设：小猴子一听，就跟着跑起来。他一边跑一边大叫："不好啦，不好啦，'咕咚'来了，大家快跑哇！"

狐狸呀，山羊啊，小鹿哇，一个跟着一个跑起来。大伙一边跑一边叫："快逃命啊，'咕咚'来了！"

大象看见了，也跟着跑起来。

野牛拦住大象，问："'咕咚'在哪里？你看见了？"

野牛拦住大伙问，大伙都说没看见，最后问兔子。

【设计意图：引导学生带着问题边读边圈圈画画，找出课文中相关的信息。】

3. 体会动物们的心情。

师：那这些小动物又是什么心情？

预设：这些小动物和兔子一样，很害怕、很慌张。只有野牛不害怕，没有跑。

师：同学们，让我们再读课文，感受动物们害怕、慌乱的心情。

（抓住重复的词句，指导学生入情入境地朗读句子中重点词和感叹号）

（二）感受"热闹"场景

让你用一个词，形容一下当时的场面，你想用哪个词？

预设：乱糟糟、慌成一团、热闹……

师：果真"热闹"极了，让我们再来读一读第4自然段，感受这森林的"热闹"吧！

> 这一下可热闹了，狐狸呀，山羊啊，小鹿哇，一个跟着一个跑起来。大伙一边跑一边叫："快逃命啊，'咕咚'来了！"

【设计意图：借助图画、联系上下文理解"热闹"的意思。】

五、情境再现，情感提升

师：我们体会了动物们的心情，这时电影又要开始了……让我们再次进行电影配音，这次我们不光要能说出完整的故事，还要讲得生动、有感情。

【设计意图：这是对"借助图画阅读课文"这一语文要素的能力提升，不仅要让学生借助图画讲故事，还要带有自己的情感，讲得生动、形象。】

六、关联文本内容，体会动物们的做法

师：同学们能把故事讲得这么生动，真是太厉害了！这电影看完了，老师问一个问题。这动物们为什么要跟着兔子一起跑啊？（出示第二幅图）

预设：学生1：因为他们看到别的动物跑，也就跟着一起跑了。

学生2：因为其他动物说"咕咚"来了，"咕咚"太可怕了。

这时，野牛又是怎么做的？（出示第三幅图）

预设：野牛没有像别的小动物们一样跑，而是拦住了动物们问"咕咚"在哪里。

【设计意图：继续训练学生根据信息做简单推断的阅读能力。】

教师采访环节：

师：现在老师扮演野牛，你们来当这些小动物。

你为什么要逃命？

预设：因为"咕咚"来了，"咕咚"很可怕。

"咕咚"在哪里？长什么样子？

预设：没有见到，只是跟着他们一起跑。

那你们什么都不知道，就跟着一起跑，这样的做法合适吗？

引发学生思考，体会动物们的不思考，盲从；体会野牛的会思考，不盲从。

预设：我们应该问清楚，看清楚再跑。不应该什么都不知道就跟着一起跑。

【设计意图：创设情景对话，感悟文本，引发学生思考。】

七、书写"家、象"

今天这森林里还来了两位新朋友呢，让我们一起欢迎他们吧！

1. 出示"家、象"。笔画书空，比较异同。

2. 组成词语说一说：家里、大家、家长、大象、象牙、气象。

3. 观察"家"在田字格的笔画位置，教师范写，学生书写。

4. 指导书写"象"，步骤同"家"。

5. 反馈评价，学生再练写 1 ~ 2 个字。

板书设计：

20. 咕咚

兔子一听	拔腿就跑
猴子一听	也跟着跑
动物们	全跟着跑
大象	也跟着跑
野牛	拦住大伙

作业与拓展学习设计：

1. 戴上头饰，小组合作分角色朗读对话。

2. 看图讲故事，把故事有感情地讲给别人听。

【教学反思与改进】

本单元教学中，我打破了教材原有的编排顺序。对于教材原有的编排思路，我想《咕咚》这一课的教学主要是巩固、运用一年级上册《小蜗牛》的学习方法展开识字、阅读，并运用形声字特点和联系上下文猜字、认字，而且课后的训练重点与《小壁虎借尾巴》没有明显的能力梯度。

《棉花姑娘》和《小壁虎借尾巴》都是需要学生就文中的问题展开讨论，有非常相近的行文特点。训练重点也有相似之处，这也是我大胆打破原有编排顺序的原因之一。棉花姑娘生病了，请不同的小动物来帮忙，通过与小动物的对话告诉学生不同的动物能消灭不同的害虫；小壁虎挣断了尾巴，通过向不同的小动物借尾巴展开对话,从而使学生体会到动物的尾巴有不同作用,壁虎的尾巴有再生功能。我引导学生运用从《棉花姑娘》中习得的阅读方法来学习《小壁虎借尾巴》,用更多课堂时间引导学生将课文从"读好"到"演好"。读是输入的过程,演是输出的过程,对于尚不能准确表达、准确体悟的一年级学生来说,交融着阅读的体会、思考的表演更有利于学生在课堂上的生成。

浸润传统文化，提升表达能力

——统编版三年级下册第三单元整体教学设计

学科：语文	年级：三年级
单位：首都师范大学附属顺义实验小学	教师：王　轩

【教学内容分析】

一、单元内容分析

（一）整体分析

中华民族拥有灿烂悠久的传统文化，在时间的长河里沉淀至今，已成为一代又一代新人成长必不可少的精神食粮。小学阶段是学生精神成长的萌芽时期，也是学习传统文化的黄金时期。统编版语文教科书很重视传统文化的传承，安排了很多相关的学习内容，既有整个单元的主题学习，又有分散在不同单元之间的随机渗透。研读教材，用好教材，通过精教细学，精心引导学生在学习语文的同时，了解传统文化、学习传统文化、走进传统文化，用优秀传统文化润泽生命的底色。

统编版教材三年级下册第三单元的人文主题是"深厚的传统文化，中国人的根"。本单元安排了三篇精读课文《古诗三首》《纸的发明》《赵州桥》，一篇自读课文《一幅名扬中外的画》；综合性学习的内容是"中华传统节日"；《语文园地》编排了"交流平台""识字加油站""词句段运用""日积月累"四个板块。这些内容都与传统文化相关，所以，本单元教学紧扣我国传统文化这个人文主题，通过本单元课文的学习，学生可以从节日、科技、建筑、艺术等不同方面了解我国深厚的传统文化。

本单元语文要素有两条，分别是"了解课文是怎么围绕一个意思把一段话写清楚的"和"收集传统节日的资料，交流节日的风俗习惯，写一写过节的过程"。这是一个综合性很强的单元，围绕着"双线"，既有阅读（教读和自读共存），又有习作，还有综合性学习活动。

下表是本单元语文要素的整体分析：

内容	要素	
	阅读	表达/综合性学习
	了解课文是怎么围绕一个意思把一段话写清楚的	收集传统节日的资料，交流节日的风俗习惯，写一写过节的过程
9.古诗三首	了解三首古诗是如何将节日习俗及场景描绘清楚的	激发学生探究传统节日的热情以及对传统文化的兴趣
10.纸的发明	明白第4自然段"围绕一个意思"构段的方法	
11.赵州桥	理解第3自然段是如何将赵州桥的"美观"写清楚的	
12.一幅名扬中外的画	感悟第2、3、4自然段是如何将画中不同的场景描写清楚的	
交流平台		梳理总结"围绕一个意思写清楚一段话"的方法
词句段运用		口头介绍清楚一次手工活动的过程 仿照例句，练习"围绕一个意思写清一段话"
综合性学习		自主收集资料，小组协作展示；写清自己家过节的过程，也可以写节日中发生的印象深刻的事

（二）要素进阶

1. 横向联系。

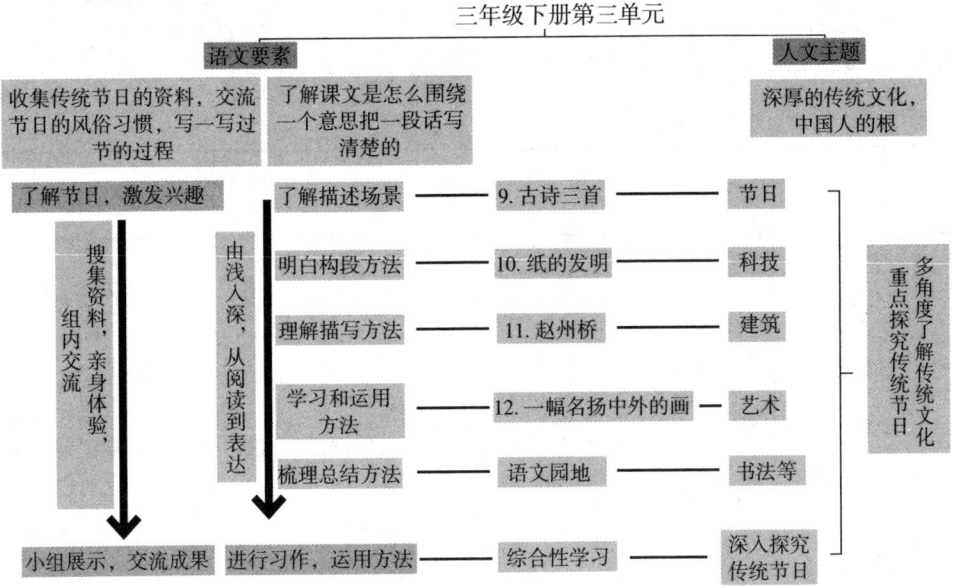

2. 纵向联系。

同一册其他单元与本单元语文要素的关联及进阶：

单元	语文要素	要素关联	能力进阶
三下第三单元（本单元）	了解课文是怎么围绕一个意思把一段话写清楚的	学习写清一段话的具体方法	从感知写法到概括大意，从段到篇，学生的阅读、表达能力得到了提升
三下第四单元	借助关键语句概括一段话的大意	注重一段话的整体感知	
三下第七单元	了解课文是从哪几个方面把事物写清楚的	注重整篇课文的整体感知	
三下第八单元	了解故事的主要内容，复述故事	注重把握主要内容，进行复述	

不同册次其他单元与本单元语文要素的关联及进阶：

单元	语文要素	要素关联	能力进阶
三上第六单元	借助关键语句理解一段话的意思；习作的时候试着围绕一个意思写	从理解内容的角度出发；尝试围绕一个意思写一段话	从借助关键句理解一段话的意思，到围绕关键句写清一段话，最后逐渐上升到围绕关键句体会思想感情、中心思想以及提炼观点，提升了学生的阅读能力及习作能力
三下第三单元（本单元）	了解课文是怎么围绕一个意思把一段话写清楚的	从学习表达的角度出发，学习写清一段话的具体方法	
四下第一单元	抓住关键语句，初步体会课文表达的思想感情	注重通过关键句体会整篇文章的思想感情	
六上第五单元	体会文章是怎么样围绕中心意思来写的	注重感悟整篇文章的中心思想	
六上第六单元	抓住关键句，把握文章的主要观点	注重通过关键句，把握主要观点	

不同册次语文综合性学习间的关联与进阶：

单元	主题	内容	能力进阶
三年级下册三单元	中华传统节日	1. 收集传统节日的资料，交流节日的风俗习惯；2. 写一写过节的过程；3. 展示传统节日的文化	本单元初次接触综合性学习，培养学生自主收集资料、小组协作及多元展示的能力。随着学生能力的增强，将来可以进行研究性报告甚至策划大型校园活动
四年级下册三单元	轻叩诗歌大门	1. 收集诗歌，初步学习根据需要整理资料的方法；2. 尝试创作诗歌，合作编小诗集；3. 举办诗歌朗诵会，感受诗歌的魅力	

五年级下册 三单元	遨游汉字王国	1. 感受汉字的有趣，了解汉字文化； 2. 学习收集资料的基本方法； 3. 学写简单的研究性报告	
六年级下册 六单元	难忘小学生活	1. 学习整理资料的方法，制作成长纪念册； 2. 策划简单的校园活动，学写策划书； 3. 写毕业赠言和书信，纪念小学生活	

（三）单元位置作用

本单元承接在本册教材一、二单元所学的"试着把观察到的事物写清楚"和"把图画的内容写清楚"的语文要素下，帮助学生了解并学会"围绕一个意思写清一段话"的方法，为接下来要掌握的围绕关键句体会文章思想感情、中心思想以及提炼观点打下基础，提升语文素养。

同时，学生在本单元初次接触语文综合性学习，可以培养学生自主收集资料的能力，以及学会以小组为单位协同完成任务，为今后的综合性学习打下基础。

二、单元育人素养价值

本套教材实行双线并行的编排理念，在习得语言积累能力的同时，完成语文育人的责任。

塑造必备品格：学习本单元课文，可以充分感受到中华优秀传统文化的博大精深；产生浓厚的爱国情怀以及民族自豪感。对现在社会上"崇洋媚外""好过洋节"的现象可以从学生认知的根本上进行改善。在进行综合性学习的过程中，能培养学生自主收集资料、与同伴协作的能力，培养责任感以及合作意识。

培养关键能力：进行本单元的学习，学生可以在朗读、体会、交流、表达中感悟词句韵味，丰富语言积累，形成良好的阅读感知能力、写作表达能力，并且激发学生好奇心、求知欲，鼓励学生自主阅读、自由表达，培养了学生自主、合作、探究的学习能力。同时注重了培养学生现代科技手段的运用，开阔了学生视野，提高了学习效率，切实提升语文素养，为后续学习和终身发展奠定坚实基础。

三、问题解决对策及单元设计与实施的理论基础

课程标准总目标指出"认识中华文化的丰厚博大，汲取民族文化智慧。关心当代文化生活，尊重多样文化，吸收人类优秀文化的营养，提高文化品质。"而本单元人文主题"深厚的传统文化，中国人的根"正好吻合这一指导思想。

阅读与写作能力、研究性学习能力是学生语文核心素养的关键能力。语文课程标准中第二学段目标有提到"能联系上下文，理解词句的意思，体会课文中关键词句表达情意的作用。"以及"把自己觉得新奇有趣或者印象最深、感受最

深的内容写清楚。"还有"有目的地收集资料，共同讨论，能在教师指导下组织有趣味的语文活动，在活动中学习语文，学会合作。"

立足中年级学生实际和语文核心素养的本质，根据课标中第二学段教学的要求，本单元将"提升阅读写作能力，学会如何围绕关键句写清一段话"和"初步进行有趣的语文活动"两项主要任务有机融合，以单元整合为切入点，在分析文本、训练表达和趣味探究活动中完成以"浸润传统文化，提升语文素养"为主题的教学设计。

【学生情况分析】

1. 人文主题：三年级上册第六单元的人文主题是热爱祖国的壮丽河山，学生在学习本单元之前已经初步具备了爱国情怀。而本单元是从传统文化的角度进一步培养学生的爱国情怀，学生们对祖国的优秀传统文化了解不深，所以在本单元的教学过程中要激发学生对祖国优秀传统文化的兴趣，使他们感受中华优秀传统文化的魅力。

2. 语文要素：已经具备借助关键句理解一段话主要内容的阅读能力，也曾尝试围绕一个意思写一段话，在本单元，需要往表达层面进行进一步的提升和迁移。

（1）阅读能力：已有"借助关键句理解一段话的意思"的基础，本单元要跟进练习。

（2）表达能力：已有"尝试围绕一个意思写一段话"的基础，本单元需要掌握具体方法，重点在于"写清楚"。

（3）综合性学习：从未开展过语文综合性学习，但在综合实践课以及科学课上有过收集资料、填写报告册、小组合作、展示成果的经验，所以本单元需要结合语文综合性学习的特点进一步培养学生收集资料、协调合作的能力。

【教学目标】

1.学习《古诗三首》《纸的发明》《赵州桥》《一幅名扬中外的画》四篇课文，认识生字，积累语言，读懂课文内容，感受我国传统文化的魅力，了解课文是怎么围绕一个意思把一段话写清楚的。

2.以"中华传统节日"为主题，开展综合性学习，了解我国传统节日以及相关习俗，积累与节日有关的故事、传说和古诗；学习收集、整理和分析资料的方法，提高处理信息的能力。

3.学写一篇关于我国传统节日的习作，分享和修改自己的习作，提高语言表达的能力。

4.学习《语文园地》，开展词句段运用的训练，了解一段话写清楚一个意思的构段特点，学习有条理地写清楚一段话。

5.体验我国传统文化的魅力，增强民族自豪感，激发爱国主义热情。

【教学重难点】

教学重点：

学习《古诗三首》《纸的发明》《赵州桥》《一幅名扬中外的画》以及《语文园地》，认识生字，积累语言，读懂课文内容，感受我国传统文化的魅力，了解课文是怎么围绕一个意思把一段话写清楚的，并掌握描写方法。

教学难点：

以"中华传统节日"为主题，开展综合性学习，了解我国传统节日以及相关习俗，积累与节日有关的故事、传说和古诗；学习收集、整理和分析资料的方法，提高处理信息的能力。

【教学过程】

一、单元整体教学思路

根据以上分析，确定主题为"浸润传统文化，提升语文素养"的单元教学设计。让学生从不同角度浸润深厚的传统文化，按照"了解—理解—掌握—运用"的顺序，层层推进语文要素的落实。

本设计将习作从综合性学习的展示活动中抽离出来，因为本单元习作可以与"了解课文是怎么围绕一个意思把一段话写清楚的"这条语文要素相结合，提升学生阅读、表达素养，但习作主题仍然是写清节日的过程，这又能使学生运用到在综合性学习过程中所获得的知识，也是综合性学习展示的一种延续。

单元综合性学习主题为"中华传统节日"，本设计将本次综合性学习分为三阶段，分别夹杂在课文学习的间隙中，给予学生足够时间进行自主收集、小组交流以及准备展示。

二、单元教学结构图

本单元教学共计 12 课时内容，具体内容如下图所示：

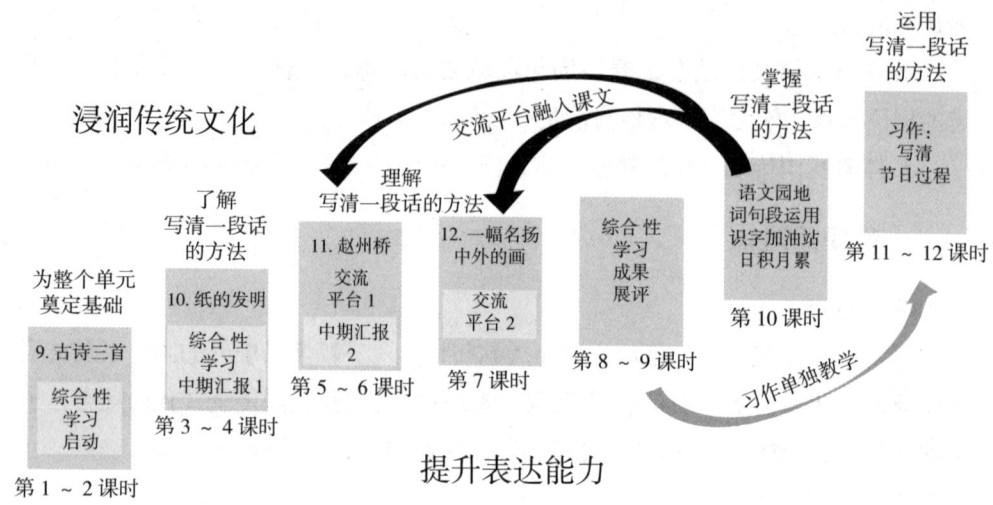

《古诗三首》教学设计（第1课时）

【教学内容分析】

《古诗三首》是统编版教材三年级下册第三单元的第一篇课文，教材选编了具有鲜明传统节日特色的三首古诗：一为描写农历正月初一的《元日》，二为极具中华文化内蕴的《清明》，三为描绘农历九月初九重阳节习俗的《九月九日忆山东兄弟》。

《元日》是宋代诗人王安石的作品，诗中描写的爆竹、屠苏、桃符，描绘出了人们在春节时辞旧迎新的欢庆场面，富有浓厚的生活气息，也最贴近学生的生活。

《清明》是唐代杜牧的作品，描绘了诗人在清明时节的所见所感。"欲断魂"三字表现出诗人凄迷的内心。

《九月九日忆山东兄弟》是唐朝诗人王维的作品，描绘了重阳节登高望远的景象，诗中"独""异乡""异客""倍思亲"几个词语直抒胸臆，将诗人游子思乡的孤寂处境表达得淋漓尽致。

显然，三首古诗的教学可以和本单元语文要素的第二条"搜集传统节日的资料，交流节日的风俗习惯，写一写过节的过程"构建联系。学习本课之后可以激发学生探究传统节日的兴趣，继而开展本单元的综合性学习，引导学生从传统节日的角度感受"深厚的传统文化",产生民族自豪感。

【学生情况分析】

这三首古诗的诗意浅显,诗句较为通俗易懂,学生根据注释基本能做到熟读成诵,自学后能有所领悟。通过学习,学生能了解诗人所表达的思想,能理解诗歌蕴藏的意味。同时,学生还能产生探究传统节日文化的兴趣,从而了解中华民族的传统节日,感受独特的节日文化。

课前,教师已安排学生收集自己喜欢的传统节日的资料。本课时重点学习《元日》,是因为本课三个节日中春节是在当代小学生中最受欢迎的节日,学生通过收集相关资料,以及《元日》的学习,可以顺势开始本单元的综合性学习。

清明节、重阳节离小学生生活体验较远,"乐趣"相对要少,学生收集资料一定不多。所以第二课时收集资料后学生再依靠这种学法自学《清明》《九月九日忆山东兄弟》,不仅能让学生真正了解清明以及重阳节,更提升了学生收集资料、自主学习的能力。

【教学目标】

1. 能正确流利、有感情地朗读、背诵《元日》。

2. 了解古诗大意,知晓古诗描绘出的春节时辞旧迎新的欢庆场面,体会诗人的情感。

3. 开展有关传统节日的第一阶段的综合性活动,确定活动主题,了解获取资料的途径和记录方式,制订活动计划。

【教学重难点】

教学重点:

了解古诗大意,知晓古诗描绘出的春节时辞旧迎新的欢庆场面,体会诗人的情感。

教学难点:

开展有关传统节日的综合性活动,确定活动主题,了解获取资料的途径和记录方式,制订活动计划。

【教学过程】

一、板块一:激趣导入,初读感知

（一）激趣导入

1. 课前同学们收集了许多关于传统节日的资料，那谁知道我国最盛大的节日是什么？

预设：春节。

2. 今天我们要学习的诗与我国最盛大的传统节日——春节有关，谁知道是哪首诗？

（板书：元日）

我们来看看古人是怎么过春节的！

（二）朗读古诗

1. 自由读诗，读通读准。

2. 指名读诗，相机正音。

3. 指导读好七言诗的节奏。

爆竹／声中／一岁除，春风／送暖／入屠苏。

千门／万户／曈曈日，总把／新桃／换旧符。

4. 齐读这首古诗。

（三）了解大意

1. 学生借助注释，尝试理解重点词：屠苏、曈曈、新桃换旧符。

2. 全班交流重点词的理解。

3. 小组合作理解诗句的意思。

4. 全班交流，学生互评，师相机点评。

预设："春风送暖入屠苏"的意思是温暖的春风吹来了新年，人们聚在一起畅饮着屠苏酒；"千户万户曈曈日"意思是初升的太阳照耀着千家万户。

【设计意图：在课前收集资料之后进行导入，学生对传统节日有了初步探究，此时导入新课，学生必然有浓厚的学习兴趣，抓准时机指导朗读、做到正确、流利朗读。感知大意，为营造氛围做准备。】

二、板块二：再读古诗，想象画面

（一）创设情境，展开想象

1. 古诗描写的是诗人的所见、所闻、所思、所感。《元日》这首诗中作者看到了什么？听到了什么？想到了什么？可以结合课前收集的资料来说说。

2. 创设情境，引导想象：春节到啦，王安石换上了一身新衣一大早就出门溜达。温暖的春风拂过他的脸庞，他感到非常惬意。一路走，一路看，一路和乡邻问好，这一路他看到了什么？听到了什么？

3. 学生想象，描述诗的画面。（适时板书：辞旧迎新　欢庆春节）

教师相机点拨：家家户户贴上了大红春联，瞧，春联上写着什么？（都是对新的一年美好的祝福）

看，鞭炮噼里啪啦地响着，周围的大人小孩都在干什么？

（人们脸上都写满了喜悦）

屋子里，人们围坐在一起喝着暖暖的屠苏酒，还会说些什么？

（对新的一年美好的期待和祝福）

王安石每走到一户人家门口，那家的主人就会怎样？

（笑脸相迎，和和气气，互相祝福）

（二）指导朗读，读出画面

朗读点播：用欢快的、愉悦的、轻松的语气来读；还可以想象画面读。

【设计意图：学生结合生活实际和收集到的资料，想象古诗所描绘的画面，感受古时候春节的热闹场面。】

三、板块三：评析古诗，体会诗情

（一）评析词句，体会诗情

1. 诗中的所见所闻都能通过语言文字看得出、读得懂，但诗中藏着诗人独特的情感并没有直接写出来，诗人又是通过哪些特别的字眼表达出来的？再读《元日》，找出最能体现诗人情感的字词。

2. 学生圈画，交流。

暖：春风暖，心情也暖暖的。曈曈：灿烂的阳光表达愉快的心情。新：新的事物替换旧的事物，心情愉快。

（二）联系背景，体会诗情

1. 出示资料：王安石特别有才华，他很想为国家、为百姓做事。当时，他担任宋朝的宰相，便向皇帝建议在全国推行新的政策。皇帝同意了，王安石便开始做了起来，他对自己推行新政这件事充满了信心。

2. 联系背景，说一说诗人在春节这一天写下这首诗想表达什么呢？（板书：憧憬国家的美好前景）

（三）指导朗读，读出情感，学生点评

（四）指导背诵，学生互评背诵情况

（五）总结学法

1. 借助注释，了解大意。

2. 展开想象，感受画面。

3. 抓住关键词,联系写作背景,体会情感。

【设计意图:结合创作背景,感受诗人的爱国之情,也和本单元语文要素有所对应。最后总结学法,为下节课的学习做准备。】

四、板块四:分组探究,启动实践

1. 请同学们自由朗读《清明》《九月九日忆山东兄弟》这两首诗,说说这两首诗写的是我国哪个传统节日?

预设:清明节、重阳节。

2. 那你们收集的资料里有关于这两个节日的吗?简单介绍一下。

预设:学生对清明节、重阳节兴趣不高,所以收集资料一定不如春节、端午、中秋节多。

3. 布置作业:

回家后,请根据作业单继续收集清明节、重阳节的资料,运用今天所学方法自学两首古诗,下节课一起交流。

4. 课前我们收集了很多关于传统节日的资料,本课三首诗只提到了春节、清明节以及重阳节,现在谁来介绍一下自己收集的其他传统节日?

学生结合作业单交流课前收集的资料,简要介绍节日习俗。

预习作业单			
我喜欢的节日	春节	端午节	……
习俗(除去诗中已描写的)			
资料来源			

5. 教师小结:同学们,你们在自主的学习活动中,通过各种途径了解了自己喜欢的传统节日的习俗和文化内涵。你们真会学习!

6. 讨论记录方式。

师:刚才我们用表格的形式记录了与节日相关的其他风俗,这样的记录形式清晰明了,让人一目了然。除了表格的记录方式外,你们觉得还可以用哪些方式记录呢?

(文字、绘画、PPT)

7. 拓展了解其他传统节日。

师:除了你们喜欢的节日外,我国还有很多传统节日。结合生活经验和课前准备,我们来走进这些传统节日。首先,我们来看看一年之中传统节日的顺序。

(学生回答,教师板书,形成节日时间轴)

预设：除夕→春节→清明节→端午节→七夕节→中秋节→重阳节

传统节日蕴含着我国深厚的文化内涵，这些其他的传统节日，又有什么习俗呢？

8. 组成学习小组。

学生选择自己最感兴趣的节日，找到兴趣相投的同学，组成小组。

9. 制订学习计划，讨论成果呈现方式。

学生可以根据研究对象，制订个性化的"学习单"，可以在下表基础上修改成适合自己小组的表格。

（　）节学习计划						
研究内容	节日古诗	节日习俗	节日故事	节日歌曲	节日礼品	……
资料来源						……
记录方式						……

10. 明确评价标准。

为了保证同学们收集资料的效率，老师设计了一个自评表，请同学们在收集资料的同时按照这个评价表进行自我评价，也可以让家长来监督自己。

内容	自我评价	
查找资料	1. 能根据小组选定的节日查找资料； 2. 能自己从书上、网上或其他途径查找资料。	☆☆☆☆☆
整理资料	1. 能记录有关节日习俗、过节过程等方面的资料； 2. 能根据记录的要点练习介绍人们过节的过程。	☆☆☆☆☆

11. 课后开展综合性学习活动。

【设计意图：引出《清明》和《九月九日忆山东兄弟》，感受本课主题，引导学生迁移学法自学，为下节课做准备。同时利用学生收集到的资料，引出综合性学习，根据兴趣成立小组，以兴趣为引领，同时明确评价标准，保证综合性学习的效率。】

板书设计：

主板书：

9. 古诗三首
《元日》　辞旧迎新　欢庆春节
憧憬国家的美好前景

副板书：

除夕→春节→清明节→端午节→七夕节→中秋节→重阳节

【教学反思与改进】

教师在课前设置课前任务，带着了解进入课堂能使学生更快融入情境。课前任务也初步锻炼了学生收集资料的能力。

从学生最喜欢的春节开始，学习《元日》可激发学生对传统节日的兴趣，顺势开展综合性学习，给予学生更多的时间收集资料，充分准备中期交流。

收集资料后再学习《清明》与《九月九日忆山东兄弟》，也能帮助学生深入了解平时并不太感兴趣的清明节和重阳节。

本课还利用自评表实行自我监督，保证完成搜集任务的效率，确保综合性学习顺利进行。

为了给予学生更多收集资料的时间，尽早开展综合性学习，本课大胆将综合性学习的开展加在第一首古诗《元日》与后两首的中间，在激发学生对传统节日的探究兴趣之后直接开展综合性学习。但不知这样真正实施时是否会有将本课被割裂的感觉。由于从学情上看，学生对清明和重阳节的热情比不上对春节的热情，所以如此设计，希望在深度收集清明节和重阳节的资料后再进行学习，能帮助学生更好地体会这两首诗的内涵。

《赵州桥》教学设计（第6课时）

【教学内容分析】

《赵州桥》介绍了赵州桥这一历史悠久、设计独特、造型美观的桥梁艺术佳作，从建筑艺术角度生动展示了我国宝贵的历史文化遗产的魅力，表现了我国古代劳动人民的智慧和才干。本课作为一篇说明文，结构严谨、条理清晰、语言准确洗练。

单元导语中提出"了解一段话是怎么围绕一个意思写清楚的"，这是本单元的学习重点。本课第3自然段就是围绕"这座桥不但坚固，而且美观"这一过渡句来着重描写赵州桥的"美观"，先总写栏杆上雕刻的精美图案，再以龙的三种不同姿态举例描绘图案之精美，最后以精美得栩栩如生来回应本段开头。

本课课后练习第一题为"抄写第3自然段，体会这段话是怎么把赵州桥的美观写清楚的"，从理解层面出发强化了上述学习目标。而第二题"假如你是导游，试着用下面的词语，向游客介绍赵州桥"，则是从运用层面进一步巩固了上述学习目标。

【学生情况分析】

学生在三年级上册时曾经学过"借助关键语句理解一段话的意思"。三年级上册主要是从理解内容的角度提出的，本单元则主要是从学习表达的角度提出的。学生能够理解第3自然的段内容是描写赵州桥的"美观"，所以本课时着重引导学生学习第3自然段是怎么把赵州桥的"美观"写清楚的。教师引导学生抓住关键词语想象画面，通过动作演示理解雕刻的栩栩如生，进而理解课文是如何把桥的美观写清楚的。学生最后在理解的基础上，通过朗读进一步加深对这一段的理解。

【教学目标】

1. 能正确、流利、有感情朗读课文。
2. 通过抓住关键语句，理解第3自然段是通过列举桥上雕刻着的图案把"桥的美观"写清楚的。
3. 练习在相似情境下运用"围绕一个意思把一段话说清楚"。
4. 能用给定的词语向别人介绍赵州桥，感受我国古代人民的智慧。

【教学重难点】

重点：通过抓住关键语句，理解第3自然段是通过列举桥上雕刻着的图案把"桥的美观"写清楚的。

难点：练习在相似情境下运用"围绕一个意思把一种事物说清楚"。

【教学过程】

一、板块一：测试词语，回顾内容

1. 上节课老师和大家一起初步学习了《赵州桥》，了解课文大概内容，也学会了许多新的词语，现在请同学们自由朗读课文，回顾上节课所学的知识。注意读准字音，读通句子，不好读的地方多读几遍。读完之后，我们来进行"看拼音写词语"的小测验。

(zhào zhōu qiáo)　(shí jiàng)　(shè jì)

(xióng wěi)　(qiáo dòng)　(chuàng jǔ)

(měi guān) (shuāng lóng xì zhū) (sì hū)
(tǐ xiàn) (zhì huì) (lì shǐ)

测试后，屏幕出示答案，自己用红色笔订正，把写错了的或不会写的多写几遍。

赵州桥	石匠	设计
雄伟	桥洞	创举
美观	双龙戏珠	似乎
体现	智慧	历史

2. 现在谁能根据词语的提示，说一说课文每段都讲了什么？

预设：

第1自然段讲了赵州桥在河北赵县，是隋朝石匠李春设计建造的。

第2自然段主要讲了赵州桥十分雄伟，四个小桥洞既能分担流水的冲击，也能节省石料，是建桥史上的创举。

第3自然段讲了赵州桥不但坚固，而且美观。

第4自然段讲了赵州桥是我国宝贵的历史遗产，表现了劳动人民的智慧和才干。

【设计意图】：从每段中挑选既能概括主要内容又要求会写的生词，让学生看拼音写词语。这既保证了学生字词的积累，也使学生回顾了课文大意，还训练了学生整体感知、简要复述的能力。一石三鸟，提升了课堂效率。】

二、板块二：把握构段，感受美观

1. 上节课，我们留下了一个问题：第3自然段的第一句话写到"赵州桥不但坚固，而且美观"，这句话是本段的中心句，那第3自然段到底是说赵州桥的坚固，还是美观？还是既坚固又美观？

预设：

（1）既坚固又美观，因为中心句能概括段落主要内容。

（2）美观，后面的内容并没有说坚固。只是上文说了坚固，这里带了一句，主要是为了引出美观。

2. 那这句话的作用是什么呢？

预设：总结上文，引出下文。

以后同学们还会经常见到类似作用的句子，这种句子叫做过渡句。在文章中起承上启下的作用。

【设计意图】：引导学生明确过渡句的作用，让学生明白段落大概内容不能光看中心句，要结合上下文进行概括。】

3. 现在，老师读第一句，你们齐读剩下的语句，边读边体会作者是如何围绕"赵州桥美观"这个意思把这段话写清楚的。

（1）说一说，读课文时脑海中浮现了怎样的画面。

（2）选取三组同学表演三种龙的动作姿态，评一评演得是否准确。

体会"相互缠绕、相互抵着、回首遥望、双龙戏珠"等词语的准确生动。

（3）交流讨论作者是怎么把图案写清楚、写活的。

作者运用"相互缠绕"等词语描写了龙的不同姿态和动作，还用了"有的……有的……还有的……"的句式加以连接，最后又用"似乎……真像……"让读者觉得图案刻得栩栩如生。

（4）播放赵州桥石栏栏板上典型图案的微视频，学生边看边依据课文练说。

（5）带着感受再读一读这段话。

【设计意图】：让学生通过朗读、表演、抓关键词、连接词、视频等方式多角度体会作者是如何将"美观"写具体的。】

4. 学着作者的方法，试着写一写自己想刻上的图案。

作业纸出示：这座桥不但坚固，而且美观。桥面两侧有石栏，栏板上雕刻着精美的图案：（　　），（　　）；（　　），（　　），（　　）；（　　）。所有的（　　），真像活了一样。

练笔小提示：用上"有的……有的……还有的……"句式，抓住你想刻在桥身上的神话、传说中的人物动作来写。

【设计意图】：为学生进行"围绕一个意思把一段话写清楚"的习作实践提供方法上的引导，为单元后期作文打基础。】

三、板块三：创设情境，口语表达

（一）设置情境

如果你是导游，面对中外游客，你会怎么介绍赵州桥呢？试着用上"世界闻名、雄伟、创举、美观"等词，以及刚刚学过的"有的……有的……"句式。

（二）评论导游的解说

请同学们评论导游介绍得是否清楚、连贯。

评价要求：是否能用上述的词语说清楚、说完整，是否能围绕一个意思把一段话说清楚。

（三）分享交流

与同学分享交流其他"我国宝贵的历史文化遗产"，练习围绕历史文化遗产的某个特点说清楚。

【设计意图：培养学生重组信息的能力，同时锻炼学生口语表达能力，使其通过语言实践活动进一步感受中国古代劳动人民的智慧和才干，增强文化的自信心。】

四、板块四：总结收获，布置作业

（一）今天的课已经接近尾声了，谁能说说你有什么收获

预设：学会了过渡句；明白作者是通过对中心句进行展开描写来写清楚赵州桥的美观的；会使用"有的……有的……还有的……"来进行写清一种事物；会介绍赵州桥了……

（二）今天的作业

1. 把赵州桥介绍给你的家人。

2. 把课文第3自然段正确、工整抄写下来，积累好词好句。

3. 收集更多我国其他宝贵的历史文化遗产的资料，练习围绕其某个特点详细介绍它。

【设计意图：总结一节课的收获，巩固本课所理解到的描写方法。回家说给家人听、抄写也是一种强化。搜集其他资料并介绍，保证了学生能够将本课所学进行迁移运用。】

板书设计：

<pre>
            11. 赵州桥
                有的……
      美观   有的……   就像活的一样
                还有的……
</pre>

【教学反思与改进】

本课将《赵州桥》的教学与交流平台的内容相结合，在了解第3自然段是利用"有的……有的……"句式写清赵州桥美观之后，又训练学生仿照句式进行练笔，理解表达方法后第一时间进行了方法的巩固，迁移到运用层面。并且设置小导游环节，在锻炼学生口语表达能力的同时再一次巩固"围绕一个意思表达清楚一段话"的能力。

为保证语文要素的落实，将本课重点落在理解第3自然段如何表达"美观"上。其实第2自然段中雄伟、坚固、设计巧妙也是赵州桥的特点，并且体现了古代劳动人民的智慧。这些内容只能在第一课时进行讲解，并体会我国传统建筑技术的高超和人民的智慧，内容较多，需要把握课堂时间。

《中华传统节日习作：写清节日过程》教学设计（第11课时）

【教学内容分析】

本课时将习作从综合性学习之中提炼出来，并且将习作与《语文园地》中的"词句段运用"相结合。

"词句段运用"两项内容都是引导学生从阅读中学习表达。一是照样子用一些表示动作的词说清楚某个手工活动的过程，引导学生学着《纸的发明》中写蔡伦如何造纸的内容，练习按先后顺序进行有序表达。二是仿照《赵州桥》和《一幅名扬中外的画》中的有关段落写一句话，通过仿写，尝试将阅读中获得的"围绕一个意思把一段话写清楚"的方法加以运用。

综合性学习有两项展示任务，小组展示在之前的课时已经完成，本课时将进行个人成果展示。本课时要求学生写一写自己家过节的过程或者节日里发生的故事，引导学生用文字记录自己的生活，从而促进他们对传统节日的了解。

之所以将习作与"词句段运用"相结合，是因为学生在经过仿写训练之后，能初步掌握"围绕一个意思把一段话写清楚"的方法，利于提升学生语文素养。

【学生情况分析】

学生经过一周多的资料收集，对我国有哪些传统节日，传统节日有哪些习俗，已经有了充分的感知，并且能挑选出自己喜欢的节日进行描写。

通过"词句段运用"的表达、仿写训练之后，学生便能够掌握写清楚节日里的趣事、过程、情景的方法。

【教学目标】

1. 通过品读、交流的方式了解一段话是怎么围绕一个意思写清楚的，能仿照例文围绕一个意思把节日里的某件事或某个片段写清楚。

2. 写一写过节的过程，或节日中发生的印象深刻的故事，将过节的情景写清楚、写具体。

【教学重难点】

教学重点：写一写过节的过程，或节日中发生的印象深刻的故事，将过节的情景写清楚、写具体。

教学难点：通过品读、交流的方式了解一段话是怎么围绕一个意思写清楚的，能仿照例文围绕一个意思把节日里的某件事或某个片段写清楚。

【教学过程】

一、板块一：交流探讨，节日过程

1. 翻开语文书第46页，看词句段运用。指名读，说说这段话主要写了什么活动的过程。

（蔡伦造纸的过程）

2. 自读这段话并对照流程图圈出表示动作的词语。

3. 思考：介绍蔡伦造纸的过程中，运用了这么多的动词，到底有什么好处？

4. 小组合作：在我国这么多传统节日中，有很多有意思的节日。你肯定在这些传统节日中收获了很多快乐，也做过与传统节日相关的手工活动。你能仿照例文口头介绍一下过节的过程吗？先在小组里互相说一说，然后每个小组各推荐一名同学到讲台前说给大家听。（包饺子、剪窗花、贴对联、包粽子……）

【设计意图：此处引导学生说与过节相关的手工，一是因为学生刚刚进行过主题为传统节日的综合性学习，有一定的体验，二是因为本节习作课的主题就是传统节日，这也是对写作素材的整理。】

二、板块二：回顾写法，写清节日

1. 出示例文，读一读，思考：这两段话分别围绕哪句话写的？请用横线画出来。

2. 比较交流：你发现这两段话在表达上有什么共同的特点吗？（一段话都是围绕一个意思写清楚的，都有中心句；都有句式"有的……有的……还有的……"）

3. 利用上面的方法，围绕一个意思写清楚过节的过程。

之前我们收集了各种节日的资料，也进行了班级内的小组交流展示，你最喜欢哪个节日？这个节日哪个特点吸引你了？和家人一起过节时发生了哪些印象深刻的事情？家人们一起过节的情景如何？

步骤一：学生先静静地想三分钟，思考自己想写什么？围绕哪个意思写？

步骤二：学生有了想法之后，在组内讨论，向同学介绍自己的思路，听听同学的建议。

步骤三：小组讨论后说说自己的想法，在班内讨论。教师相机给予学生一些指导。比如，除夕夜放爆竹、元宵节看奶奶炸元宵、清明节扫墓、端午节包粽子、赛龙舟……

写法小锦囊：

（1）写作前首先确定自己要围绕什么意思写，明白写作主题。

（2）写作时，可以先用一个重点句概括主要意思，然后围绕重点句写，多角度描写，可以利用学会的"有的……有的……"句式。

（3）可以从不同方面展开写，文从字顺，把内容写具体。

【设计意图】：分析例文的写法，也是对前几课习得的方法的梳理回忆。独立思考是为了整理所选的内容，组内讨论是为了初步将所学方法内化为己用，写清自己想描述的节日场景。而且，听取其他同学的想法也能激发自己的灵感。】

三、板块三：自我修改，完善习作

刚刚同学们已经描写了自己最喜欢的节日，但这只能称作一段话，不是完整的习作。谁来说说，怎样就完整了？

预设：有开头有结尾，有自己的体会或感悟。

没错，那开头结尾应该写一些什么呢？

预设：开头可以用排比句：我们国家有多传统节日，有最热闹的春节、猜灯谜的元宵节、祭拜先人的清明节……但我最喜欢的还是……

习作结尾可以写一写自己从这次过节的经历中有怎样的收获、感悟。

特别好，那现在，就请同学们完善自己的习作吧！

【设计意图】：习作的主要部分已经完成，但一篇优质的习作必然要包含精心的分段、布局以及中心情感的提升，掌握具体描写方法之后，也要注重培养布局谋篇、情感升华的能力。】

四、板块四：展示评议，誊写习作

评价要求：一看是否围绕一个意思来写，二看句子是否通顺，三看哪里写得特别好，值得我学习。

1. 同桌评价。

2. 全班交流。

3. 自我修改。

4. 誊写作文。

【设计意图】：学生初步完成作文后，一定还有一些细节上的问题。此时同桌互评，保证文从字顺。全班交流，互相学习布局谋篇以及措辞手法。最终自我修改之后再誊写，保证了习作的质量。】

板书设计：

习作：写清节日过程

围绕一个意思写清楚一段话（中心句）

利用"有的……有的……还有的……"

多角度描写

写出体会感悟

【教学反思与改进】

本课将习作与"词句段运用"相结合，并且在进行综合性学习之后，先让学生说清楚节日中的手工制作环节，在情境中提升了学生口头表达能力。

学生在之前学习《赵州桥》和《一幅名扬中外的画》时已经明白了"围绕一个意思写清一段话"的表达方法，本次再次回顾相关段落，唤起学生回忆，仿照段落结构进行写作，将本单元的语文要素落实到表达，切实提升学生语文素养。

本课先口头表述、再段落仿写，最终完善习作，旨在让学生巩固之前所学方法，循序渐进地将单元要素落实到表达层面。但由仿写到自主作文，会让一部分学生依赖所学句式，但脱离之前训练的句式，一小部分学生又不一定能写清楚节日的过程，所以是否全部学生都有能力用自己的话将中心思想表达清楚，需要后续追踪以及训练。

在诵读和想象中感受诗歌的美好
——统编版四年级下册第三单元整体教学设计

学科：语文　　　　　　　　　　　　　年级：四年级
单位：北京市顺义区李桥中心小学校　　　教师：李　峥

【教学内容分析】

在整个小学四年级下册教材中，本单元有着举足轻重的地位。本单元是综合性学习单元，活动的主题是"轻叩诗歌大门"，要求"根据需要收集资料，初步学习整理资料的方法"，这是对三年级下册综合性学习单元语文要素"收集传统节日的资料"这一内容的巩固和提升，也为之后的综合性学习能力的培养奠定扎实的基础。学好本单元的知识，也有助于帮助学生进一步了解诗歌的独特魅力和创作手法。

本单元选编了不同作家、不同风格的四篇中外现代诗歌作品以及综合性学习中的"轻叩诗歌大门"。本单元从整体上以学生熟悉的"母亲"和"自然"为中心意象，展现现代诗歌饱含的情感、丰富的想象以及语言的独特表达。这样整组编排为一个单元，旨在引导学生走进丰富多彩的诗歌世界，初步了解现代诗的一些特点，体会诗歌情感。学生通过朗读，体会诗歌韵味，能借助关键词句体会诗人情感，养成初步体会现代诗歌的一些特点的能力。

在综合性学习中培养学生多途径收集现代诗，尝试创作现代诗，根据合作编小诗集的分工要求，对自己收集或自己写的现代诗进行分类整理。

【学生情况分析】

四年级的学生在阅读诗歌时，能结合诗句文本形成自己的初步评价或判断。但是对于诗句中饱含的情感体会还不到位，这正是因为四年级学生处于具体形象思维向抽象逻辑思维过渡的关键期，需要教师在教学中加以引导。

就综合实践能力而言，从启动阶段收集、摘抄现代诗到推进阶段尝试创写现代诗、分类整理自己收集的诗歌，再到最后展示阶段的合作编小诗集和举办诗歌朗诵会，都是在培养学生的综合能力。学生在之前的学习中从来没有参与过如此完整的实践过程，虽然在小学三年级初步学习了收集资料和整理资料的方法，但其能力需要进一步的提升。在本单元综合性学习活动中，前期活动与诗歌教学有机结合，消除了学生参与前期活动时枯燥乏味的感觉。

在创写诗歌方面，对于学生也是一个不小的挑战。设计有梯度的教学活动让各个阶段的学生都能参与当中。

【教学目标】

1. 巩固 19 个认读字，会写 23 个生字，会写 17 个词语。

2. 通过朗读和想象，体会诗歌的韵味，根据需求收集资料，初步学会整理资料的方法。

3. 初步了解现代诗的一些特点，能借助关键词句，体会诗人的情感和诗歌的韵味，尝试创作现代诗。

4. 对收集或创作的现代诗进行分类整理，合作编小诗集，举办诗歌朗诵会。

【教学重难点】

教学重点：初步了解现代诗的一些特点，能借助关键词句，体会诗人的情感和诗歌的韵味。

教学难点：尝试创作现代诗，对收集或创作的现代诗进行分类整理，合作编小诗集，举办诗歌朗诵会。

【教学过程】

单元整体教学思路：

为了达成本单元的教学目标，我将本单元的学习内容进行统整，由启动课到推进课、展示课，层层推进。

启动课：初步感受现代诗歌特点，从而喜欢上诗歌。

推进课：在大量阅读的基础上，发现诗歌富有节奏感、语言表达独特、情感丰富的特点，进而进行仿写。

展示课：通过举办诗歌朗诵会活动，提升综合实践能力，感受诗歌魅力。

这样层层递进地学习，旨在让学生逐步掌握本单元的学习要点，提升语文素养。

课型	内容	综合性学习目的
启动课	《短诗三首》	初步感受现代诗歌特点，从而喜欢上诗歌
	《绿》	
推进课	《白桦》	在大量阅读的基础上，发现诗歌富有节奏感、语言表达独特、情感丰富的特点
	《在天晴的时候》	
展示课	合作编小诗集	收集整理资料，合作编小诗集
	举办诗歌朗诵会	能和同学合作举办班级诗歌朗诵会

《短诗三首》教学设计

【教学内容分析】

启动课（本单元第九课和第十课）。

本课《繁星》是冰心在印度诗人泰戈尔《飞鸟集》的影响下写成的，总的来说，它大致包括三方面的内容：一是对母爱与童真的歌颂和赞扬；二是对大自然的崇拜与赞颂；三是对人生的感悟和思考。

在教学过程中，由于是第一篇诗歌，学生对于这种文体并不是很熟悉。本课重在培养学生对诗歌的兴趣，让学生能初步感受到诗歌的美。但诗歌中的美一般都是朦胧含蓄的，对于学生来说也是不小的挑战。所以我在整个单元中设计了三个阶段来帮助学生一步步走向诗歌的大门。

第一阶段是启动课，启动阶段包括本单元的第九课和第十课。其主要目的在于激发学生学习兴趣，从而让学生喜欢诗歌，愿意阅读和积累诗歌，为接下来的仿写、创编、举办诗歌朗诵会奠定基础。

【学生情况分析】

现代诗对四年级学生比较陌生，其中很多语句比较凝练，用词方面也非常精妙，看似离我们的生活很遥远，学生没有共鸣。在学习诗歌时学生会有词、句方面的困扰，出现不明白、不理解的现象，导致觉得学习诗歌乏味、无趣，所以在教学过程中我立足反复朗读，让学生体会诗人情感。学生此阶段正是培养想象力的阶段，在朗读中他们能借此展开想象与联想，在脑海中构建立体的画卷，感受诗歌的魅力，激发学习兴趣。在学习本单元诗歌时，我特意加入很多生活中的"片断"参与教学，使学生发觉诗歌其实离自己并不遥远，自己也是"意中人"。

【教学目标】

1. 认识"漫、涛"2个生字，会写"繁、漫"等8个字，会写"繁星、藤萝、波涛"3个词语。
2. 通过反复朗读《繁星（七一）》《繁星（一五九）》，体会诗歌的韵味。背诵课文。
3. 能理解关键词句的含义，体会诗人表达的情感。

【教学重难点】

教学重点：能理解关键词句的含义，体会诗人表达的情感。

教学难点：能理解关键词句的含义，体会诗人表达的情感。

【教学过程】

一、链接生活，激趣导入

师：同学们咱们先来欣赏一下美丽的星空。

这是多么美丽的繁星图，如果发在你的朋友圈里，你想给这幅图配什么样的文字呢？

师生互动中，教师展示优美诗歌语句，学生在美图美文中初步感受诗歌的美，随即进入这堂课的主题。

【设计意图：此环节学生在一个贴近生活实际的情境中，互相交流、学习，用心感受，悄然进入诗歌世界。】

二、读中体会，感悟母爱

（一）读准诗歌

教师范读，要求读准诗歌中的字音和停顿。

（二）读好诗歌

1. 师：我们知道"回忆"会随着时间的流逝慢慢变得模糊甚至被遗忘，但是诗人在诗中写到了在"园中""叶下"和"母亲的膝上"这些画面，说明这些回忆作者一直都没有忘记。此时联系上下文，理解"漫灭"是模糊、磨灭。那"永不漫灭的回忆"是永远不会模糊、遗忘的回忆。

2. 师：想一想，这些回忆为什么是永远不会模糊、遗忘的呢？

猜想：可能是这些场景发生了令作者难忘的或者是特别美好的事情。我们一起展开想象，诗人和母亲此时会在这些场景中做些什么呢？

【设计意图：学生在展开想象的同时，就会不自觉地联系自己的生活实际，把自己的经历和诗中场景融合，引导学生用自己的体会去想象作者与母亲永不漫灭的事情，并感受作者对母亲的情感。】

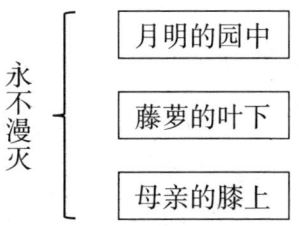

（三）读美诗歌

带着理解和脑海的画面，我们一起读出自己的感受。

三、学法迁移，升华情感

（一）引导学生回顾总结《繁星（七一）》的学习方法（读准、读好、读美）

（二）读准诗歌

插入配乐朗诵视频（繁星（一五九）选段）。学生跟读，感受其中断句的技巧，为读好此诗奠定基础。

（三）读好诗歌

1. 师生对读短诗，看看你在诗中有什么发现？

猜想：作者把自己比作鸟儿，巢就像妈妈的怀抱。

2. 对读"天上的风雨""心中的风雨"，小组之间展开讨论想一想这两个"风雨"有什么不同？（小组成员之间有不懂的问题，大胆提出来，小组之间尝试解决。可以再看看第二单元《语文园地》的交流平台，也许会有解决问题的好方法。）讨论完后出示课件，展示两个风雨的意思。

3. 联系你的生活经验想一想诗人会遇到怎样的风雨呢？

学生凭借课下自己查阅资料和教师补充冰心人生经历的资料进行体会。

> 1900年出生的冰心，从小便体弱多病，每次生病就会想起，母亲啊……
>
> 1911年，辛亥革命爆发，革命对于11岁的冰心来讲是可怕的，是枪林弹雨，是无家可归……想到这些冰心有些害怕，她会说，母亲啊……

读了资料后，再谈谈你对"心中的风雨"的理解。

【设计意图：学习诗歌可以通过诗歌中的语句或词语联系到自己的生活实际，不难发现，在这些优美的句子背后就是我们自己生活中的一件件小事，只是诗歌的语句把这些场景给统整、提炼概括了，走进诗歌的大门其实就是走进自己的生活。】

4.联系生活实际，当自己在学习或者生活中遇到"风雨"时，你的妈妈是怎样做的呢？

【设计意图：引导学生发现自己其实和作者有很多相似之处，学生们的积极性就会调动起来。注重学生与作者的心灵相通。】

（四）读美诗歌

带着自己的心境，伴随优美动听的音乐，小组轮流有感情地朗读此诗。

【教学反思与改进】

学生通过有梯度、有层次地探究式学习，读出节奏，感受现代诗的音乐性；读出想象，体会现代诗的艺术性；读出情感，感受现代诗的人文性。在反复朗读中发现现代诗的特点。

有时候，面对学生出色的表现，教师明明知道学生表现很好，但不能及时找到合适的话语进行评价。那些用惯了的"你真棒""好极了"等，往往一遍足已，如果反复使用则会变得枯燥无味，失去了表扬的意义。

《白桦》教学设计

【教学内容分析】

推进课（本单元第十一课和第十二课）

在启动课中，学生已经初步掌握了学习诗歌的基本方法，积累的能力也有所提升。由于儿童心灵自由、想象丰富，是天生的诗人，所以在推进课的学习中，我创设了闯关形式，让每一位孩子都来尝试做小诗人。学生拿起手中的笔，开始自己的练习。

本文作者以白桦为中心意象，从不同角度描写它的美。除了感受诗歌意境的美之外，还可以强烈地感受到诗人对家乡和大自然的热爱之情。这首诗前两节重在描摹白桦的外在形象，后两节重在表现白桦的内在气质。为了突出白桦的形象气质，作者从多方面、多角度或正面刻画，或侧面烘托，力求塑造鲜明、生动的形象。诗歌采用四行一节的形式，各节偶句押韵，全诗押通韵，读起来音韵回环和谐，如一首欢快的小夜曲。加之作者在字里行间充溢着对白桦由衷的喜爱、赞美和崇敬之情，使这种欢快之情增加了几分深沉。

【学生情况分析】

在阅读上有着前几课的经验，问题不大，全诗押通韵，学生读起来也朗朗上口，能够初步感受诗歌的特点。其重难点在于推进阶段"写"的方面。由于学生层次不同，本课的教学由仿写开始，也会对基础薄弱的学生降低难度，使每个学生在每个环节都能参与其中，激发各个层次学生学习诗歌的兴趣。基础好的学生可以根据自己喜欢的方式仿写、创写，不设置条条框框，让其在写作的海洋中自由发挥。

【教学目标】

1. 认识"绣、潇、炫、垢"等15个生字，会写"桦、涂"等11个生字，会写"白桦、毛茸茸"等6个词语。
2. 有感情地朗读课文。借助优美词语想象画面，感受白桦形象。
3. 初步感受现代诗歌特点。
4. 尝试仿写、创写诗歌。

【教学重难点】

教学重点：借助优美词语想象画面，感受白桦形象。

教学难点：

1. 感受现代诗歌特点。
2. 尝试仿写、创写诗歌。

【教学过程】

一、回顾、朗读课文，巩固白桦之美

二、活动激趣，能力提升

老师发起诗歌闯关模式：

（一）第一关：小试牛刀

同学们，你们看作者把白桦树描写得多么美，那你想不想也来挑战一下呢？

（出示柳树图片）

在我（　填地点　），

有一棵（　　　）的柳树。

仿佛/好像（　　　），

（　　　　　）。

（二）第二关：跃跃欲试

《繁星（七一）》的仿写：还记得作者在这首诗中，后三句都是描写作者产生回忆时伴随的场景，你是否也能把自己印象深刻的回忆伴随的场景，用这样的语句写一首小诗呢？

（三）第三关：崭露锋芒

学生在积累本上选择一首自己喜欢的诗歌进行仿写。

仿写完后，同学们根据自我评价表，来评判自己的写作分数。

诗歌写作评价表

评价指标（一）	评价指标（二）	分数
写作能力	能将所仿写诗歌进行分行	30
	能关注韵脚，并进行多节仿写	30
写作态度	是否整洁	20
	书写是否认真，文字是否美观大方	20
总分：		

三、课后活动

1. 这段时间，我们阅读、收集了许多诗歌，还做了诗歌摘抄本，咱们一起交流一下吧！

2. 可以自己当小诗人，把自己的感受表达出来。注意分行，写完后可以和同学交流。

3. 积累与植物有关的诗歌。

【教学反思与改进】

在现代诗的教学中，我们要充分相信学生的学习能力，充分调动学生的能动性，充分唤起学生的美感意识。在教学中，教师要留足学生交流对话的时间，这样才能引导学生针对课文进行精彩对话，才能点燃学生思维碰撞的火花。教师要留足学生品读、赏读的时间，留足学生自读、自悟的时间，课堂上真正做到让学生"熟读深思",才能换来"子自知"。无论是初读,还是再读,或是反复读,都要让学生真正读进心里,在读中熟悉内容、领悟情感、升华主题、品味匠心,从而习得方法、获得能力。

《合作编小诗集》教学设计

【教学内容分析】

展示课(综合性学习)。

第三单元综合性学习有两项内容,分别是合作编小诗集、举办诗歌朗诵会。合作编小诗集是对学生前面收集、创作诗歌活动的总结和拓展,本阶段也是培养学生由朗读、写作到表达,将学生学习诗歌的兴趣内化升华,让学生充分感受诗歌的魅力。本次的综合性学习以学生的探究、交流、组织安排为主,教师主要起引导作用,因此我主要采用自主探究、合作交流的方式,穿插讨论法,让学生自己组织活动。

【学生情况分析】

本次综合性学习的第一种成果展示方式是"合作编小诗集"。学生们都很喜欢此环节,可以参与整个过程,对于学生们来讲,这是之前没有过的体验,对此学生们在合作交流时,会出现分工合作不均、对小诗集内容编排及呈现方式不明确等问题。教师此时可以通过范例展示来明确编排小诗集的相关要求。教师设计一张分工表以便明确学生后续的具体任务,使各个阶段的学生都能参与当中并且都有所收获。

【教学目标】

1. 能对自己收集的诗歌进行整理。
2. 能与同学交流自己收集或创作的小诗,分类选取,合作编成小诗集。

【教学重难点】

教学重点:能对自己收集的诗歌进行整理。

教学难点:能与同学交流自己收集或创作的小诗,分类选取,合作编成小诗集。

【教学过程】

一、整理自己的小诗集

同学们，咱们这段时间已经积累了不少你们自己喜欢的诗歌。请利用上节课学习的内容对自己收集的诗歌进行整理，可以自己制作一个"小目录"，让其他小读者可以看清楚你收集的内容。

二、集体交流，梳理思路

我们要亲自来做小诗集，但制作一本属于自己的小诗集需要做些什么呢？

1. 教师展示范例。

2. 小组合作思考流程，并简单说明流程顺序。

3. 梳理流程。

三、小组合作，创编诗集

给出制作单，小组按照制作单合作交流

编小诗集	
筛选诗歌	
整理分类	
编排顺序	
编写目录	
诗集名字	
设计封面	
制作插图	
装订成册	

四、说明要求，激励评价

1. 全班集体讨论诗集的展示方式。

2. 全班一起制定奖项及评价标准。

五、课后活动

课后小组内成员完成组内小诗集。

【教学反思与改进】

这次习作与综合性学习的主题是"轻叩诗歌的大门"，学生在这次活动中走进了丰富多彩的诗歌世界，进行了简单的诗歌创作，对诗歌进行了收集和整理。

他们分小组合作编小诗集，进一步了解诗歌，感受诗歌的魅力。这些实践活动的开展，每个小组都能全员参与，分工明确，互相配合。教师通过创作诗歌、收集诗歌、诗歌分类、合编小诗集等有效的方式，引导学生掌握了一些学习诗歌的方法，激发了学生学习诗歌的热情。活动中，仍有一些遗憾：有些小组在活动中分工不明确，目标不强，比较盲目，活动效果不明显。在以后的教学中，教师要抓好小组分工，进一步强化目标。

讲述神奇想象　传承优秀文化
——统编版四年级下册第四单元整体教学设计

学科：语文　　　　　　　　　　　　　年级：四年级
单位：首都师范大学附属顺义实验小学　　教师：左文慧

【教学内容分析】

一、本单元教材内容编排结构图

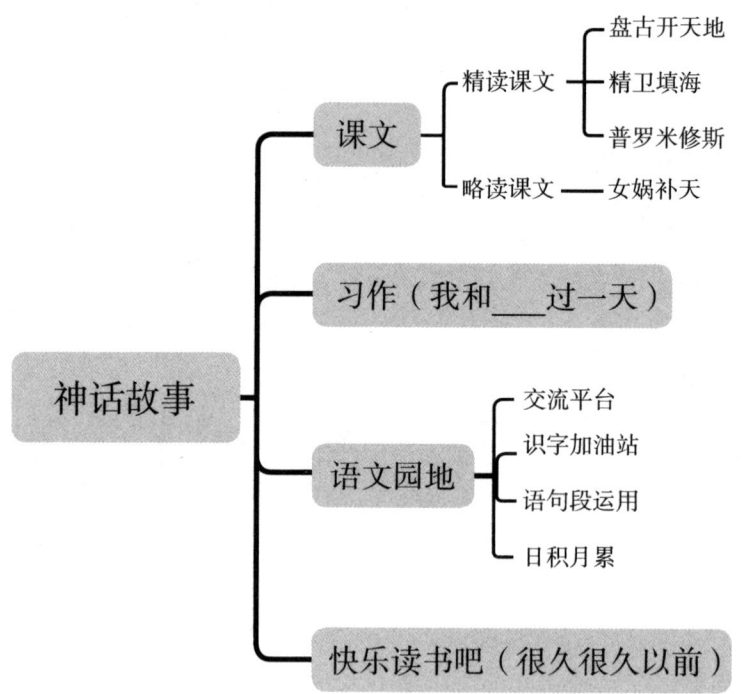

二、阅读要素和表达要素编排表

内容	阅读要素	表达要素
盘古开天地	1. 边读边想象画面，说出人物形象 2. 找出神奇的地方，说一说故事的重点过程 3. 选做：拓展——读故事，讲故事	展开想象，讲述故事
精卫填海	1. 结合注释，用自己的话讲故事 2. 感受神奇想象，体会人物形象	
普罗米修斯	1. 认识人物，梳理人物关系 2. 按照起因、经过、结果的顺序讲一讲故事 3. 说说故事情节对自己的触动，感受人物形象	根据已有情节，创编故事
女娲补天	1. 按照起因、经过、结果的顺序讲故事 2. 感受神奇想象	
交流平台	1. 充满神奇想象 2. 人物个性鲜明 3. 神话是古人对世界的认识	
语句段运用	1. 根据词语联想人物（人物个性） 2. 体会神话故事的神奇想象，说出神奇的地方	
习作	调动阅读积累，依托单元内容，搭建想象支架	展开想象，创编故事
日积月累	1. 古诗—神话故事 2. 想象画面，感受人物形象	展开想象，讲述故事

三、要素进阶

（一）横向关联

本单元围绕着"神话"这个主题，编排如下体例，各板块是相互联系的有机整体，但各有侧重，单元导语明确语文要素；三篇精读课文重在落实习得语文要素，了解故事的起因、经过、结果，学习把握文章的主要内容，感受神话故事中神奇的想象，体会鲜明的人物形象；略读课文重在自主把握、运用内容，感受人物形象；"交流平台"旨在梳理神话的特点；"语句段运用"和"日积月累"侧重感受神奇的想象；"快乐读书吧"重在拓展迁移和激发学生的阅读兴趣，将学生的阅读引向更广阔的空间，鼓励学生在课外书中进一步感受神话的神奇想象；"习作"则启发学生进行神话故事的创编，侧重情境中的学习。学习本单元，要立足单元主题，进行内容整合。

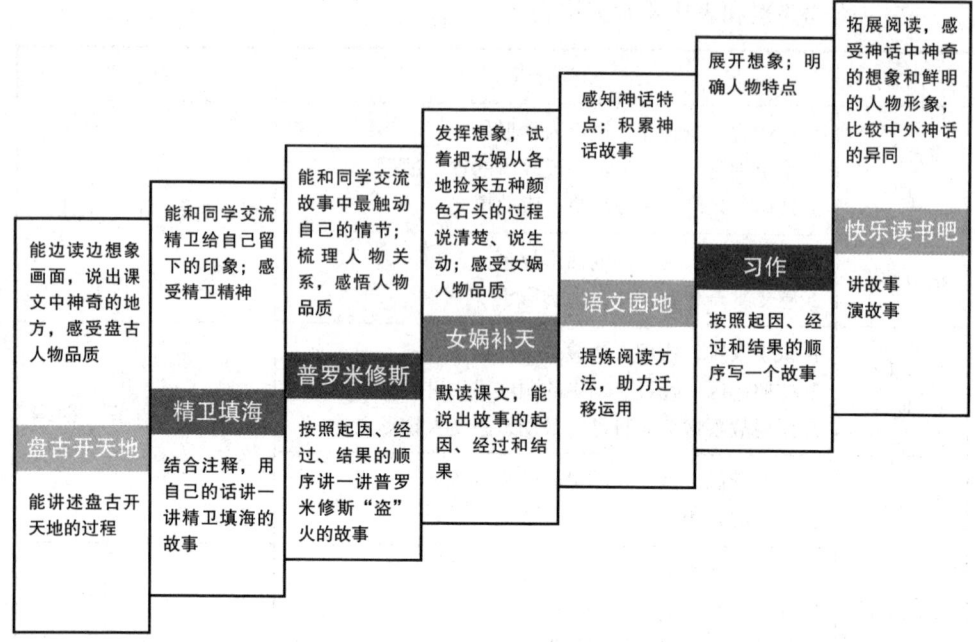

（二）纵向关联

● 同一册次语文要素的关联

单元	语文要素	要素关联	能力进阶
四上第一单元	边读边想象画面，感受自然之美	边读边想象画面，能把静态的语言转化为形象的画面和场景，帮助学生进行理解，感受故事之神奇。第一单元引导学生调动多种感官，品味语言文字，想象画面也为第四单元神话故事单元感受神奇的想象和鲜明的人物形象奠定了基础	学习把握文章主要内容的方法，从"了解故事的主要内容"到"了解故事的起因、经过、结果，把握文章的主要内容"是对学生概括能力是一种提升。运用边读边想象画面的学习方法，有助于学生感受神话中神奇的想象和鲜明的人物形象，继续强化语文要素，同时借用神话故事表达对世界的认识，传承英雄人物精神
四上第四单元	1.了解故事的起因、经过、结果，学习把握文章的主要内容。2.感受神话中神奇的想象和鲜明的人物形象	1.了解故事的起因、经过、结果。2.通过了解故事的起因、经过、结果，把握文章的主要内容，并能用自己的话进行复述。3.通过故事的主要内容，感受神奇的想象，进而感受神话人物的形象	
四上第七单元	关注主要人物和事件，学习把握文章的主要内容	1.关注主要人物和事件。2.把握文章的主要内容	
四上第八单元	了解故事情节，简要复述课文	1.了解故事情节。2.简要复述	

● 不同册次语文要素的关联

单元	语文要素	要素关联	能力进阶
三下 第八单元	了解故事的主要内容，详细复述故事	对故事内容充分了解和把握基础上的详细复述	从复述能力上说，它承载着从详细复述向简要复述过渡的任务。 从概括能力上说，它又要为落实四年级下册第六单元的"学习怎样把握长文章的主要内容"打基础、做铺垫，从而达成从"了解"到"把握"再到"运用"的概括能力训练目标。如此定位，才能落实《语文课程标准》提出的"能复述叙事性作品的大意，初步感受作品中生动的形象和优美的语言"和"能初步把握文章的主要内容"的学段要求。 从详细复述到简单复述再到创造性复述，提升了学生语言建构与运用的素养
四上 第四单元	1.了解故事的起因、经过、结果，学习把握文章的主要内容。 2.感受神话中神奇的想象和鲜明的人物形象	承上启下的语文要素，涉及复述和概括两项语文能力的培养	
四下 第六单元	学习怎样把握长文章的主要内容	在前面已有经验的基础上，可以利用了解故事的主要内容、关注主要事件、了解故事的起因、经过、结果等方式来学习把握文章的主要内容	
五上 第三单元	了解课文内容，创造性地复述故事	了解课文内容并进行创造性的复述	

（三）单元位置作用

本单元为本册教材的第四单元，通过上面对语文要素的分析，我们可以得知本单元的语文要素是对前面学习内容的提升，同时也为后面的学习奠定基础。

本单元以神话文体组织单元，第二单元为"提问"阅读策略单元。想象，是读好神话的一把钥匙，学生在展开神奇想象时也会提出各种问题，好奇与未知恰恰是教学的起点。语言的背后是思维，文体的背后是与之相契合的文体表达思维，因此，本单元基于"提问"阅读策略单元，关注质疑，以疑导学，引领学生探寻文字背后的创作意义。神话类文体教学，对培养学生民族文化的认同感、激发学生想象力等诸多素养有重要的意义。同时，本单元帮助学生认识神话文体特点，对今后学习其他文体的阅读会有很大的帮助，切实提升学生语文素养。

【学生情况分析】

一、人文主题

神话，永久的魅力，人类童年时代飞腾的幻想。郭沫若先生在《文艺论集》

里曾说:"神话,是绝好的艺术品,是绝好的诗。"神话充满着浪漫主义精神和丰富大胆的想象。这一文本特征契合了儿童的认知特点,他们喜欢神话中那千姿百态的想象。神话故事语言朴实自然、情节引人入胜、想象神奇绚丽。它契合了儿童的心理特征,满足了儿童的审美情感,更是发展儿童言语能力的好载体,也为培养创新型人才奠定坚实的基础。

二、语文要素

1."了解故事的起因、经过、结果,学习把握文章的主要内容。"这是一个承上启下的语文要素,学生在三年级已经能了解文章的主要内容,但还不能按照事情的发展顺序把握文章的主要内容。《语文课程标准》指出中年级段能初步把握文章的主要内容,体会文章表达的思想感情,能对课文中不理解的地方提出疑问,所以我们还需要在阅读中对学生能力进行不断提升。

2."感受神话中神奇的想象和鲜明的人物形象。"学生对神话故事并不陌生,同时能够边读边感受神话的神奇想象,但对神话特点和文学体裁还没有足够了解,通过本单元系统学习学生能够形成初步认识。学生虽然能感受神话的神奇想象,但对于感受鲜明的人物形象比较欠缺,所以要帮助学生拓展分析人物形象的方法,体会人物鲜明的个性,并借用神话故事来表达对世界的认识。"交流平台"和"词句段运用",都对本单元的语文要素进行了梳理总结,有助于学生提炼阅读方法,助力迁移运用。

3."展开想象,写一个故事",进一步落实本单元语文要素。学生从一年级就接触童话故事,三年级教材编排了童话单元,此时学生已经具备了想象思维。本单元是三年级"发挥想象写故事,创造自己的想象世界"基础上的延续与提高。在观察、思考、想象、表达的思维训练过程中,学生的习作表达从"写话"到"写段",书面表达能力有了明显提升;学生的想象从"艰涩"到"流畅",内容从"遐想"到"奇思",想象能力得到了一定的发展。北京大学教授、统编教材主编温儒敏先生在谈写作教学问题时曾提出"不只是为了写好文章,更是为了思维训练"。同时,《语文课程标准》指出中年级的学生"乐于书面表达",要在"观察"的基础上,"不拘形式地写下自己的见闻、感受和想象,注意把自己觉得新奇有趣或印象最深、最受感动的内容写清楚"。显然本单元习作不仅要写清楚故事的过程,更要能进行大胆、奇特、有趣的想象。利用习作使学生在学习语言的运用过程中发展思维能力,特别是想象能力,促进核心素养的发展。

为了有效进行语文新课程的教学,使语文教学能更好地满足同学们的发展需求,我设计了单元前测问卷调查,以此了解学生对神话的了解程度。

【教学目标】

1. 认识41个生字，读准2个多音字，会写32个字，会写27个词语。
2. 正确、流利、有感情地朗读课文，背诵《精卫填海》。
3. 了解神话故事的起因、经过、结果，学习把握文章的主要内容，并能感受神话故事中神奇的想象和鲜明的人物形象。
4. 产生阅读中国神话故事和国外经典神话故事的兴趣，乐于与大家分享课外阅读的成果，并能试着创编神话故事。
5. 开展"漫步神话王国"主题活动，围绕"我和_____过一天"展开想象，写一个故事。

【教学重难点】

教学重点：

1. 了解神话故事的起因、经过、结果，学习把握文章的主要内容，并能感受神话中神奇故事的想象和鲜明的人物形象。
2. 产生阅读中国神话故事和国外经典神话故事的兴趣，乐于与大家分享课外阅读的成果，并能试着创编神话故事。

教学难点：开展"漫步神话王国"主题活动，围绕"我和_____过一天"展开想象，写一个故事。

【教学过程】

一、单元整体教学思路

著名语言文字学家王宁教授指出："语文核心素养是学生在积极主动的语言实践活动中构建起来，并在真实的语言运用情境中表现出来的个体言语经验和言语品质；是学生在语文学习中获得的语言知识与语言能力、思维方法和思维品质，是基于正确的情感、态度和价值观的审美情趣和文化感受能力的综合体现。"同时，《语文课程标准》中指出：语文课程是一门学习语言文字运用的综合性、实践性课程。本单元以"目标导向教学"为设计理念，以开展"学生语言实践活动"为主要学习方式，据此我确定本单元的语文学科实践活动主题为"漫步神话王国"，将其作为一条显性线索，体现"学—练—用"的单元整体教学思路；唤醒学生主动发现生活故事的意识，放飞想象，编写神话故事，将单元学习变成学生漫步神话王国之旅；以"读故事"为教学主线，以"把握内容，讲故事"为教学重点，以"创编故事"为教学难点，进行真实、开放、有意义的读、讲、创一体的语文学科实践活动，让学生在语文实践活动中习得发现、感知、欣赏、表达、评价等能力；以学生的生活实际为基础，以促进学生主动参与、整体发展为目的优化学习环境。

本单元教学要站在整组单元的角度加以考虑，注重整体性、系统性的设计安排，把单元语文要素贯穿在整个单元教学中，以确保语文要素的真正落地。

语文学科实践活动结构图：

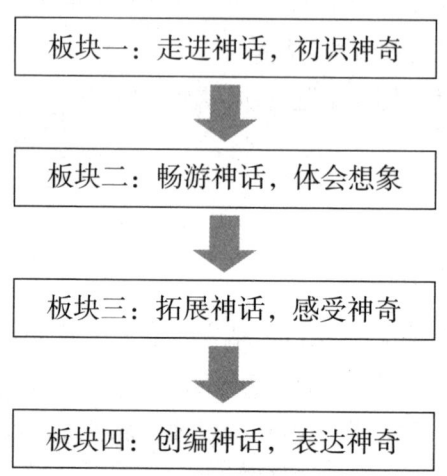

二、单元教学结构图

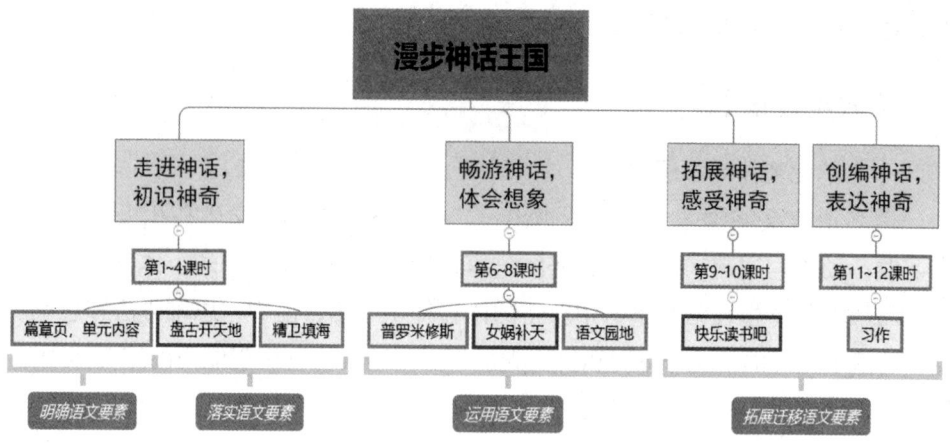

《盘古开天地》教学设计（第3课时）

【教学内容分析】

《盘古开天地》是一篇神话传说，用富有想象力的文字解释了宇宙的起源，讲的是名叫盘古的巨人开天辟地的故事。故事极富想象力，文字叙述具体而生动，这是统编版教材第二次出现神话故事这种文学形式。二年级下册《羿射九日》一课要求在给出起因、经过、结果的基础上把故事讲完整，《盘古开天地》则重在把过程讲清楚，并从中感悟神奇想象和人物形象。

课文的脉络非常清晰，全文6个自然段分三个部分，"劈开天地—撑起天地—化作万物"，把盘古"用他的整个身体创造了美的宇宙"的过程描写得非常清楚。在说明"天和地还没有分开"的背景之后，先讲了盘古醒了以后所做的事，以及天地的不同变化；然后叙述天地分开以后盘古所做的事；最后讲了盘古倒下后发生的变化。它围绕一个"变"字，先写天地的形成，而后着重写盘古运用他的力量和智慧"开天辟地"。

作为整组单元的第一篇课文，语文要素的落实格外重要。因此，可借助课文的语言文字和课文插图，运用思维导图、提取重点信息等阅读策略，引导学生了解盘古开天地的起因、经过和结果，并用自己的话讲述这个神话故事。在复述故事的过程中，落实语文要素，提升复述能力。同时，学生还要抓住文中表现神奇的相关内容和语句，体会课文是如何写出神奇的，从而认识神话这种文学体裁的基本特点，激发阅读神话故事的兴趣，培养想象力。

【学生情况分析】

儿童对神话有一种天然的渴望。神话是属于儿童的，神话类教材的语文课堂，就应该顺应童心，让儿童享受神话。《盘古开天地》正是这样一篇充满想象力的童话，它为学生打开了一扇阅读神话的窗户；儿童的想象力非常丰富，通过教师的讲解，他们能从中体会到古代劳动人民对自然、对世界的独特理解和神奇想象，还能感受故事中鲜明的人物形象。

但对于"了解故事的起因、经过、结果，学习把握文章的主要内容"，学生可能存在问题。

在把握学生共性问题的基础上，针对第三课时的学习，我设计了如下前测题，以发现学生学习的个性问题。

1. 读完课文，请你讲一讲盘古开天地的故事。（旨在了解学生把握主要的起点与提升点）

把握主要内容标准	前测反馈
讲有序，讲完整	共性问题，情节遗漏：很多同学会把"天地未分开前的样子"和"创造出美丽的世界"遗漏
讲清楚	共性问题：大部分同学讲不清楚，且语言不规范

2. 从"讲有序、讲完整""讲清楚"两方面对课文内容进行梳理，我发现学生在把握课文主要内容时的共性问题——情节遗漏、讲不清楚，不会运用文章中的生动语言。所以本节课应引导学生借助一些方法来把握课文的主要内容，对于本篇课文就可以借助图片了解事情的起因、经过、结果的顺序，为把握文章的主要内容打好基础，以更好地落实单元语文要素，这也是本课学习的重点。

【教学目标】

1. 有感情地朗读课文，了解神话故事的内容，交流对盘古的感受，感受盘古雄伟、高大的英雄形象，体会他无私奉献的精神。
2. 借助插图和课文内容，说说盘古开天地的过程，尝试用自己的话复述课文。
3. 初步了解神话故事内容神奇、想象丰富的特点，培养想象力，激发阅读神话的兴趣。

【教学重难点】

教学重点：
1. 借助插图和课文内容，说说盘古开天地的过程。
2. 想象画面，说出神奇的地方。

教学难点：
交流对盘古的感受，体会他无私奉献的精神。

【教学过程】

一、温故知新，回顾整体，质疑激趣
（一）出示词语

```
劈开  四肢  躯干  血液  （字音）
混沌  污浊  滋润  （字形）
咔嚓  隆隆  （意义）
```

1. "小老师"带读。
2. 全班齐读。
（二）回顾课文
1. 对第一节课学生自主提问进行自主解答。
2. 图文对应，通读课文。
教师对难读的句子进行随机指导，长句子多，就要多读几遍。

句子：
　　有一天，盘古醒来了，睁眼一看，周围黑乎乎一片，什么也看不见，他一使劲翻身坐了起来，只听见"咔嚓"一声，"大鸡蛋"裂开了一条缝，一丝微光透了进来。
　　轻而清的东西，缓缓上升，变成了天；重而浊的东西，慢慢下降，变成了地。
　　盘古这个巍峨的巨人就像一根柱子，撑在天和地之间，不让他们重新合拢。

---

3. 回顾全文，梳理结构。
默读课文，思考哪几个自然段写盘古开天地？其他自然段分别写了什么？
根据学生回答，师生共同梳理：

起因　　　　　　宇宙混沌

经过　　　　⎡　开天辟地
　　　　　　⎨　撑起天地
　　　　　　⎣　化作万物

结果　　　　　　改天换地

【设计意图】：复习词语是为本节课更好地体悟语言使用的妙处做准备；回顾课文脉络，激活学生头脑中关于盘古开天地的相关想象；借助图片能够帮助学生梳理课文内容，同时也为后面讲故事提供方法。】

二、聚焦过程，提升情感
（一）体验想象，感受神奇
1. 感受神奇。
自由朗读第2、3、4自然段用"＿＿＿"标出你认为神奇的地方，并在旁边空白的位置简单批注你的感受。

预设1："他一使劲翻身坐了起来，只听见'咔嚓'一声，'大鸡蛋'裂开了一条缝，一丝微光透了进来。"把盘古普普通通的"坐"与"大鸡蛋"史无前例的"裂""透"联系起来阅读，懂得课文是通过盘古的行为与宇宙的变化相结合写出故事的神奇及盘古的神勇。

预设2："巨人见身边有一把斧头，就拿起斧头，对着眼前的黑暗劈过去，只听见一声巨响，'大鸡蛋'碎了。轻而清的东西，缓缓上升，变成了天；重而浊的东西，慢慢下降，变成了地。"

指导要点：

A. 自读发现这两句话也是把盘古的行为和宇宙的变化结合着写的。

B. 描写变化的一句话中藏着好几个反义词和近义词。

C. 抓住"轻"与"重"、"清"与"浊"、"上升"与"下降"这三对反义词，理解天与地的变化情况。

D. 同样是这几个反义词，如果把"轻而清"与"重而浊"对换，可以吗？为什么？

E. 抓住"缓缓"与"慢慢"这一对近义词，体会天、地变化时间之久，过程之慢。品读这句话，体会反义词、近义词表达之精妙。

预设3："天和地分开后，盘古怕它们还会合在一起，就头顶天，脚踏地，站在天地当中，随着它们的变化而变化。天每天升高一丈，地每天加厚一丈，盘古的身体也跟着长高。"利用"随着""跟着"这两个词语，以及"每天""一丈"等，结合具体语境和课文插图展开想象，感受人物形象的神奇，体会盘古的行为与宇宙的变化相结合对于表达人物形象的好处。

预设4："又不知过了多少年，天和地终于成形了，盘古也精疲力竭，累得倒下了。"抓住模糊语言"多少年"，结合"终于""精疲力竭"等词，体会盘古人物形象。

2.品读感悟。

（1）出示。

自学提示：默读第5自然段，思考盘古的身体变成了什么？用笔画出来，从中你体会到了什么？这段话有哪些语言表达上的特点？

指导要点：

A. 整段话采取"总—分"结构的写法，分述部分运用"_____变成_____"的句式，呈并列关系。

B. 盘古的身体部位与变成的宇宙中的事物有着对应关系。

C. 讲述宇宙中的事物时，都加上一个修饰词。

（2）想象留白

盘古身体的其他部位还可能变成什么？模仿这段话说一说。

（二）把握内容，提升情感

1. 有感情读全文，梳理盘古的形象。

【设计意图】：课文从整体上看塑造的是盘古无畏牺牲、勇于献身的伟大形象，但每一部分的侧重点又有所不同。因此，教师在教学时，应从整体出发，引领学生到文本的"局部"中走一走、看一看，揣摩、品味段落中的语句，然后再回到整体，跳出文本进而理解文本的内涵。在理解段落内容的基础上，想象盘古倒下后还可能发生的其他变化，加深学生对文本的理解。最后，教师进行总结，引导学生再次从整体上感受盘古的形象。这样从局部到整体，扣合严密，学生的理解也会更透彻。】

2. 利用微课，学习体会人物形象。

三、回归整体，表达神奇

（一）分层讲故事

1. 出示插图一和关键词"宇宙混沌一片"，点名让学生讲故事起因，教师给予方法指导。

2. 出示插图二，让学生自己抓住关键词讲盘古劈开天地的过程。

3. 出示插图三和插图四，小组交流抓住关键词和表示神奇的词语讲盘古撑起天地的过程和盘古倒下后世界的变化。

（二）完整讲故事

1. 小组交流。

小组成员看着图片完整讲盘古开天地的过程，注意用上课文中的关键词和表示神奇的语句。

2. 点名分享。

3. 生生互评。

（三）情境讲故事

播放《盘古开天地》的动画片，学生配音。

【设计意图】：语文课程是一门学习语言文字运用的综合性、实践性课程。本环节实现了促进语言的建构与运用、思维的发展与提升，同时帮助学生建立了语文学习与生活的联系。】

四、拓展延伸，激发兴趣

五、课堂回顾，交流收获

【教学反思与改进】

这是一篇神话传说，讲述的是一个名叫盘古的巨人开天辟地的故事。课文处处充满了神奇的想象，用生动准确的语言塑造了盘古雄伟、高大的形象，赞美了他为开辟天地而勇于献身的精神。教学的重点是引导学生了解盘古开天地的故事内容，激发学生阅读神话故事的兴趣，培养学生想象力。

在教学时，教师应紧紧抓住神话故事的特点，以"传说中的盘古是怎样创造美丽的宇宙？"为主线展开教学，在引读、想象、体验中感受盘古这一神话人物顶天立地的高大形象和勇于献身的伟大精神，领略神话故事的无穷魅力，激发学生阅读神话故事的兴趣。

回忆整堂课的教学过程，我觉得以下几点做得比较成功。

1. 大胆取舍教材。教材的处理方式是转变学习方式的主要内容。在《盘古开天地》的教学中，我注重轻重分明。第1自然段一笔带过，中间段落让学生细细地品味，同时通过学生的回答对教材进行大胆取舍，合理巧妙地进行组合。

2. 在这堂课上，我能做到"读讲结合"贯穿始终。梳理全文后，只有读得充分，读得扎实，学生才能把盘古开天地的过程讲得有序，讲得完整，讲清楚，同时也通过借助图片和视频讲，使学生的表达能力得到了很大的提升。

3. 有效合作，激发想象，拓展学生思维，感受神话魅力。文中第4自然段将盘古倒下后身体发生的巨大变化描写很具体，从书中省略号引导学生想象盘古身体还会发生哪些变化。学生的想象也比较生动。儿童的想象力是最丰富的，但需要通过一定方法的指导。《盘古开天地》这篇神化故事的夸张和想象达到了极致，要求学生从如此夸张的想象中找到合理性，找到作者如此想象的理由。他们很快地发现了无论多夸张的想象都和事物之间有着惊人的相似之处，这就是想象的契合点。帮助学生读懂作品中的想象，有利于学生建立想象的方法。

教材中一些故事给读者留下无穷的想象空间。这个空白，如果让学生通过想象去填补，有利于激发学生的阅读兴趣，挖掘他们的想象潜能。让学生在了解文章作者的想象手法后，让学生继续延续文章思路拓展想象。刚开始学生找不到盘古全身还有什么可变之处，我适时提示学生想象的源头，如盘古的皮肤会变成什么？之类的引导，学生便很容易学会如此想象了。想象是创新的翅膀。爱因斯坦说过：想象力比知识更重要，因为知识是有限的，而想象力概括着世界上的一切，推动着社会的进步，成为知识进化的源泉。总之，教师要调动一切办法，让学生展开想象的翅膀，在创新的天地里翱翔。

不过，纵观整堂课，我发现也有许多不足之处。比如：文章的情感基调没有把握好。在感受盘古顶天立地的形象时，学生体会得不够到位，其实不仅可以借助读，还可以让学生借助关键动作演一演去体会。由于引导方式单一，学生只游离于文字，未能走进人物心中，但相信通过后面的学习，学生会掌握得越来越好。

《女娲补天》教学设计（第7课时）

【教学内容分析】

《女娲补天》是国家统编版教材四年级上册第四单元中的一篇略读课文。这是一篇流传千古的神话故事。这篇神话故事结构完整，也是按照事情发展的顺序写的，充满了神奇的想象。女娲是远古时期中华女性先祖形象在创世神话中的生动写照。水神共工一撞不周山就天塌地裂，女娲用神火炼成的石浆能补好天，斩下大乌龟的四条腿能撑起天空等内容，让人觉得无比神奇。课文运用了极具夸张的语言，塑造了勇敢顽强、智慧能干、甘于奉献的女娲形象。课文插图描绘了女娲飞舞在缭绕的祥云中，手捧石浆补天的情景，充分展示了女娲美丽善良、勇敢坚定的形象。

作为一篇略读课文，教师要继续迁移运用本单元学过的方法，说说故事的起因、经过和结果，在落实单元语文要素的同时，培养学生自主复述的能力。同时，学生还要学习神话故事的丰富想象，试着把女娲补天的过程说具体、说生动，进而在语言实践中进一步受到我国传统文化的熏陶，感受神话故事神奇想象的特点，培养丰富的想象力。

【学生情况分析】

学生非常喜欢神话故事，在生活中也接触过部分神话故事，已学习了本单元的《盘古开天地》《精卫填海》《普罗米修斯》等，对神话已有了一定的感性认识。由于故事浅显易懂，学生了解故事主要内容并不难，难的是体会女娲的献身精神和神话语言夸张、富有想象力的特点以及故事的神奇色彩。

【教学目标】

1. 默读课文，能说出故事的起因、经过、结果，感受女娲不辞辛劳、不怕危险、勇敢善良的美好品质。

2. 发挥想象，试着把女娲从各地捡来五种颜色石头的过程说清楚、说生动。

3. 感受神话故事的神奇和古人丰富的想象力。

【教学重难点】

教学重点：想象女娲从各地捡来五种颜色石头的过程，感受神话故事的神奇。

教学难点：感受女娲不辞辛劳、不怕危险、勇敢善良的美好品质。

【教学过程】

一、感受传统，认识女娲

1. 看视频《女娲造人》，认识女娲。

2. 看文字，介绍女娲。

3. 引出女娲补天的故事。

二、研读课文，重点探究

（一）整体感知，把握内容

1. 引导学生默读课文，圈画出文中有疑问的地方。

2. 小组交流解决疑问。

3. 全班交流并解决疑问。

（二）厘清结构，讲述内容

1. 教师出示自主思考题目，学生分组交流讨论。

自学提示：自己默读课文，画一画你认为神奇的地方，并在旁边做简单批注。

2. 小组讨论。

3. 小组汇报展示并板书（其他小组提出异议或补充交流）。

起因	经过	结果
天塌地陷	炼石补天	补天成功
人类遇难	拯救苍生	世代传颂

4. 根据板书简单说一说女娲补天的起因、经过和结果。

（三）品读语句，感受神奇

自学提示：自己默读课文，画一画你认为神奇的地方，并在旁边做简单批注。

1. 自己圈画。

2. 小组交流。

3. 全班交流。

（四）研读课文，重点探究

1. 探究女娲补天过程。

读第4自然段，说说这段话是按照什么顺序写女娲补天经过的？

2. 梳理。

补天过程梳理：四处捡石头—冶炼补天—斩腿撑天—杀死黑龙—烧灰堵缝。

3. 用上连接词和课文中的语言，简单说一说女娲补天的过程。

【设计意图】学生复述补天的经过时要按一定的顺序适当扩展。通过复述，重在训练学生的语言表达能力，使之学会将文本语言内化为自己的语言。】

三、根据情节，表达神奇

（一）重点情节

默读思考：女娲是如何炼石补天的，找出相关的句子，圈出其中的动词，读一读文中写女娲寻找五彩石的句子。

引导：描写女娲炼石补天的内容集中在第4自然段，教学时，教师要让学生寻找句中的关键词（主要是动词），体会它们在刻画人物形象时所起到的作用。

（二）表达神奇

1. 出示导语提示：第4自然段，女娲四处捡石头的过程写得十分简略，如果你是女娲，你能发挥想象，将它说得更加生动、具体吗？

2. 讲前准备：你认为在什么地方展开想象比较合适？

3. 分部想象讲述。

（1）"各地"：想象女娲都去什么地方找石头？

（2）"捡来"：想象女娲寻找石头的语言、动作、神态，表现寻找的不容易和坚持。

（3）"五种颜色"：想象各种石头的颜色及美丽。

4. 完整讲述女娲捡石的过程。

【设计意图】本环节对前面学习的讲出故事的过程和讲出故事的起因、经过和结果是一种能力上的提升，同时也在为习作创编完整的故事做铺垫，所以要让学生根据人物形象合理发挥自己的想象，大胆表达。】

四、整体回顾，提升情感

1. 整体阅读课文，你从中看到了一个怎样的女娲形象？简单说说。

引导：从"炼石"和"补天"两个方面感受女娲的不易（前两句写的是炼

石的过程,后一句描绘的是补天的动作)。

(1)小组交流。

(2)代表发言。

预设:理解女娲的形象,重在通过具体事例感受其精神品质。要引导学生从整体上把握课文内容,分析有关女娲的具体事例,体会其勇敢、善良的品质和为了人类不怕困难、甘愿奉献的精神。

2.用自己的话说一说女娲补天的故事。

五、拓展阅读,迁移运用

六、课堂回顾,交流收获

【教学反思与改进】

挖掘课文的空白点,发展学生的想象力是本节课的一大特点。课文的文字浅显易懂,表现人物精神的关键语言文字也是不难理解的,但如何从浅显的文字中挖掘出深刻的情感来,需要利用想象挖掘文本的空白点,将文本再创造,以充实内容,使人物形象饱满,从而发展学生的语言,培养丰富的想象力。所以在课堂上我设计了补白想象:说说仿佛看到了什么,听到了什么?学生说得较好。有的说:"我仿佛看到洪水冲来,房屋倒塌,人也被冲走。"有的说:"我仿佛看到孩子们在哭着寻找爸爸妈妈。"在这些补白想象中,进一步体会神话的神奇,同时也训练了学生的想象力和语言表达能力。

学生略读课文时,我应该相信学生,大胆放手,给学生留有更多的时间。在今后教学设计时,我还要多准备些学生独立思考、自读自悟、质疑解疑的时间,多根据学生的需求及实际设定教学环节,这样才能使学生乐于学习。

《很久很久以前》教学设计(第10课时)

【教学内容分析】

"快乐读书吧"是统编版教材的一个全新的栏目,是统编版教材落实"倡导大量阅读,加强课内外沟通"的一个重要载体,它搭建了学生课内外阅读的桥梁,也是落实课标的一个重要指标。

"快乐读书吧"的主题是"很久很久以前",依然与单元语文要素紧密相关。

它由四个内容组成，分别是：你读过吗、片断阅读、小贴士和相信你可以读更多。其目的在于：通过概述激发阅读兴趣，通过片断阅读想象故事情节，通过小贴士提示阅读方法，通过"相信你可以读更多"埋下兴趣的种子。其中教材还以小贴士的形式介绍了与神话有关的知识与阅读神话的方法。这是本册神话单元的拓展与延伸，能使学生更全面地了解神话、感受神话。它与本单元的4篇神话故事一起构成了系列。从课内走向课外，得法于课内，得益于课外。片断阅读的是中华传统神话故事炎帝尝百草以及世界各地的神话传说，引导学生阅读中外神话，并进行中外神话的比读。神话教学不应该因课堂的结束而成为终点。作为神话故事这一单元的拓展延伸，"快乐读书吧"就是要引导学生爱上神话，引领学生读更多的神话故事，引向更广阔的空间，让神话故事伴随他们一路成长，鼓励学生在书中进一步感受神话的神奇想象。

【学生情况分析】

《山海经》是鲁迅童年时期最喜欢的书目之一，从鲁迅动情的叙述中我们不难体会到那些神话里"人面的兽""九头的蛇""袋子似的帝江""执干戚而舞的刑天"给童年的鲁迅带来了怎样的欢乐。儿童常常容易把想象世界当成现实世界。这是儿童时代的一种特有的精神现象。神话的情节，一般表现为变化、神力和法术。在神话的世界里，神奇的人物、神奇的力量、神奇的宝贝，还有心中的神奇感觉，迎合了儿童的幻想心理。大多数学生曾经接触过，但学生往往只知把神话当成故事来读，缺乏了解故事的主要内容的能力，经过本单元的学习后，学生对神话文体特点有了初步了解。

"快乐读书吧"的教学要建立起课内外阅读的桥梁，激发学生阅读整本书的兴趣，唤起阅读期待。鲁迅在《中国小说史略》里把神话定格为文章的渊源。所以教师不能只是教教材中编排的神话故事，而是要以本单元神话故事的学习为契机，引领学生进入滥觞于人类社会之始、发轫于原始氏族部落的传世神话中，从语文学习的视角去领略中华民族优秀传统文化的博大精深。教材推荐的神话故事，适合四年级学生阅读，但学生自主运用课内所学的方法，独立阅读一整本书，需要教师进行引导。所以我决定引导学生进行读故事—讲故事—演故事—编故事等一系列综合性学习活动。

【教学目标】

1. 了解神话是如何解释世界的起源、人类的产生等神话相关知识。

2.阅读炎帝尝百草、写药书的介绍，把握其主要内容，进一步感受神话神奇的想象，产生阅读中国神话故事的兴趣。

3.自主阅读《希腊神话故事》等西方神话故事书，了解中外神话故事的异同，产生阅读中外神话故事的兴趣，了解故事内容。

【教学重难点】

教学重点：阅读炎帝尝百草、写药书的介绍，把握其主要内容，进一步感受神话神奇的想象，产生阅读中国神话故事的兴趣。

教学难点：自主阅读《希腊神话故事》等西方神话故事书，了解中外神话故事的异同，产生阅读中外神话故事的兴趣，了解故事内容。

【教学过程】

一、激趣导入，回顾旧知

1.看图片，猜神话。

引导学生说说他们所了解的中国神话典籍及其主要内容。

2.根据故事，了解神话类型。

二、拓展阅读，激发兴趣

1.自读片段，想象内容。

你知道这个故事叫什么名字吗？你读过吗？你知道它出自哪本书吗？

2.交流分享，想象画面。

3.梳理总结，激发兴趣。

梳理神话故事的特点，激发学生对中国其他地区的神话故事的兴趣。

三、开展活动，走进神话

（一）了解《中国古代神话故事》，激发兴趣

1.借助卡片，复述故事。

在第三课时作业中，就留任务让学生收集中国古代神话故事，把故事的起因、经过和结果写在卡片上，并把故事讲给同学听。

2.交换卡片，分享故事。

【设计意图：让学生学会自主读书。为了落实语文要素，教师可以让学生提取出事情的起因、经过、结果，帮助学生把握课文的主要内容，帮助学生讲好故事。交换卡片，是为了激发学生的阅读兴趣和增加学生的阅读量，通过同伴讲故事，学生更有兴趣读整本书。】

（二）自主阅读，巩固学习神话方法

1. 自主阅读《中国古代神话故事》。

2. 组内交流。

读懂故事—把握故事主要内容—感受神奇的想象—感受人物品质

3. 交流方法，分享经验。

每个人都有自己的读书经验，全班交流怎么读完一本书及读书时的快乐。

（三）自主实践，感知中国神话特点

1. 自主阅读，小组交流，感受神奇。

2. 互动交流，感知中国神话特点。

四、对比阅读，提升表达

（一）感知外国神话故事特点

引导学生阅读教材中"相信你可以读更多"这部分中的文字，并探究给出的《希腊神话与英雄传说》这本书的主要内容。

（二）关联中外，持续阅读

1. 连接已知。

2. 发现异同。

五、指导整本书阅读方法

1. 制订阅读计划。

2. 做阅读记录卡。

3. 与同学交流读书内容并撰写导读。

【教学反思与改进】

教学中，教师注重将学习与学生的已有知识联系起来，以读为本，边读边悟，唤醒学生对神话故事的学习兴趣，引导学生根据自己课前准备的故事进行分享与交流，进而增加学生的阅读兴趣和阅读量；让学生体会与人分享读书的幸福。"书是读懂的，而不是教师讲懂的。" 叶圣陶先生的这句话也道出了学生阅读的重要性。

同时，本节课还能引导学生阅读中外神话，并进行中外神话的比读，引导学生发现那些与文体特征相契合又彰显文本个性的表达特点。本单元的"精读—略读—课外整本书阅读"一系列教学活动，既激发了学生的阅读兴趣，又注重对学生阅读方法的引导，从而使学生投入阅读活动中，获得分享阅读带来喜悦的同时更提高了学生的语文素养。

第三章　足迹篇

回首成长路,总有一些人、一些事在记忆深处闪闪发光,弥足珍贵。记录下来,就如同一首首耐人寻味的叙述诗。

语文工作室成员在团队的支持下,注重个人的成长与发展。每个成员都在不同程度上超越了原来的自己,在教育教学能力及素养提升方面有了长足可喜的进步。

本章收录了工作室部分骨干教师的成长足迹,一个个感人故事,一段段真情叙述,让我们感受到向上、向善、向美的力量。

成长路上的"一十百千万"

北京市顺义区李桥中心小学校　刘秀清

我常想，27年的教育人生，似乎可以浓缩成一串数字。

一、一颗忠心——既然钟情于玫瑰，就勇敢地吐露真诚

记不得从什么时候开始我有了理想，只记得唯一的理想就是做一名人民教师，教师就是我心中的玫瑰，热烈而奔放。当我捧着一颗真爱之心踏上三尺讲台，便决定始终不渝，把她完完整整地献给我的挚爱。

因为热爱，我满腔热情地投入工作中。每天晚上我都会认真备课到很晚。一本教材和一本参考资料，我会反反复复一字不落地读上好几遍，圈圈点点，不停地思考如何让学生学会和掌握知识点，待都想明白了才开始认认真真、工工整整地手写教案。从教书第一年起，我的教案就一直被评为学校优秀教案。除了备课，我每天还认真地批阅每一份作业。如果学生都做对了，我会一边批阅一边欣慰地笑；如果写错了，我便会非常懊恼。除此之外，到学生家里进行家访也是我的每周必修课。

当然，做到这些还远远不够，因为热爱，我把自己的时间和精力都投入到如何做一名好教师的学习中。我先后利用8年时间完成了数学大专班、中文本科班、教育管理硕士研究生班的学习；参加了各种教师培训班，坚持业务学习和提升。作为党员教师，强烈的责任感和事业心是我的理想和信念，也是我工作和学习的不竭动力。每次我都会珍惜学习机会，克服工学矛盾，既学到了课堂教学理念和策略，又学习了很多管理智慧和方法。如今，学习的资源铺天盖地，处处都是我的教材。要给学生提供全景的课程和全景的教育，在这样的理念之下，我越发渴望再学习。学习是我永远完不成的任务，永远走不完的路。

二、十年磨剑——宝剑锋自磨砺出，梅花香自苦寒来

生活的道路一旦选定，就要勇敢地走到底，决不回头。自参加工作以来，

我从没有间断对语文教学基本功的培训,从未停止过业务提升的脚步。

1996—1998 年,我参加顺义区第一届教师基本功比赛,获得全能一等奖。比赛历时一年多,其中一项是课程标准理念的考核,那时叫"大纲"。我花了一个多月的时间,首先完成了理念的通读通背,因为背不下来何谈运用和落实。每天晚上,我坐在写字台前一字一字地去背诵。各年级的教学目标特别容易混淆,我就一遍又一遍地抄写、默写,直到记忆深刻为止。有时候我觉得自己有一股"傻劲",而这份"傻"现在看来是"艺痴"。也许正是因为我的这份认真,才能脱颖而出。后来,顺义区里每隔两年举行一次基本功比赛,我次次能捧回全能一等奖。

2008 年,北京市的基本功比赛开启,竞争压力自然不用说,上进心极强的我,开始了抛家不舍业的训练。周一至周五在学校,周六、周日在考研中心,有时培训听讲座,有时模拟比赛。白天跟学生、作业打交道,晚上跟理论书籍、优秀课例切磋。考核内容不断调整:案例分析、课标考核、朗读和写字、课件制作、24 小时准备后说课……忘不了"津桥"封闭培训,经历了 8 次 24 小时不眠之夜的说课模拟;一次次一项项考核;100 多套高考试卷的狂做;四本教材篇篇课文的教学设计撰写、篇篇课文的说课练习、篇篇课文的课件熟练制作……让我不断地拔节、向上。最终,我不负众望,捧回了北京市语文学科教学基本功全能一等奖。

十年的坚持,十年的磨剑,才换来那份认可和荣誉。正是因为坚持教学基本功培训和提升,我实现了课堂教学顺义区一等奖的零突破,获得了北京市劳模奖章,连续四届获评市级骨干。

三、百节公开课——苦涩孕育成甘甜,痛苦孕育成美丽

一个教师的成长,固然离不开公开课。从毕业第二年我就开始承担上公开课的任务,最多的是一学期 20 周,我做了 9 节公开课,每节课内容都不一样。至今,我已主讲过 100 多节市区级公开课。其中规格最高的是北京市阅读教学现场评优课,那是 2011 年 5 月 12 日,我 35 岁。

我这个人,要干就会拼命,从不糊弄。从 3 月 28 日抽课题、节次和班级,到 4 月上旬做区级研究课,我经历 20 次教案大推翻,最终获得特等奖。这节课,赛出了顺义小学语文团队的智慧,特别是"表格"的呈现,至今依然是孔主任的骄傲,并在颁奖大会进行观摩展示。后来,我受邀到昌平区上展示课,到内蒙古进行微说课展示,均受到一致赞扬。

公开课打造了我,常态课更发展了我。我坚信三尺讲台是我耕耘的阵地,是我人生价值体现的沃土。我研究的主题多元化,包含拼音、识字、看图说话、

口语交际；内容多样化，有写人的、写小动物的，有古诗、古文，也有教材内、教材外的，有的是绘本故事，还有的是电影。不一样的内容需要呈现一样的精彩，这是我为自己制定的目标，每一节课的背后都凝聚着智慧、汗水，每一节课都是历练和成长。

担任行政干部以来，在处理纷繁的公务的过程中我始终坚持奋战在课堂一线，我的课堂不仅理念更加开放，课堂的门也永远打开，老师们可以随时来观摩和指导。

四、千名学生——令公桃李满天下，何用堂前更种花

教师的真正价值，体现在自己所教的学生身上。我热爱学生，对学生严而有度、爱而有法。做了十几年的班主任，最大的希望是让每个学生都快乐学习，让班级生活给他们留下宝贵的财富。夯实学习基础，养成良好习惯，塑造优秀品格，让所有学生都能充满生机和活力地站在人生的起跑线上，每一节课都快乐地学习，每一天都快乐地成长，是我义不容辞的责任，更是每个学生在孩童时代应该享有的权利。

十几年的教学生涯，学生送走一批又一批，为了真正了解学生，我会主动融入他们的世界。在我看来，互联网的发展让学生知识面变得越来越宽，现在的学生依然天真，但思想更加丰富、多元。所以，在我的课堂上，我会让学生当小老师，给他们平台来展示。我希望我的学生不管成绩如何，一定要开朗自信。有人问我"那遇到不开朗、不自信的学生，您能怎么办？""只要付出了爱，没有一个孩子是不开朗、不自信的。"当一个教师展示出他的爱时，学生便已经是身在阳光下。

执教至今，1000多名学生成为我的人生财富。我特别感谢我生命中遇见的每一位教师和学生，是他们成就了今天的我。因为有了宋琦给我送的一块中秋月饼，赵培买来的一个头花，我的青年教师演讲比赛获得了一等奖。因为我教过随班就读学生，所以知道了全纳教育，更加懂得尊重每个生命。因为一个"淘气包"的妈妈发现孩子自从上学后，回到家里总是整齐地叠衣服，我才知道原来孩子在模仿老师，我就更加严格要求自己的一言一行。

在我的班上，有些家长工作忙，经常不能按时接孩子，为了让他们放心，我总对他们说："你们可以下了班再来接，我负责看护。"学生放学后就在班上写作业，我陪着他们直到每个学生都被家长领走。家长们心怀感激，天真的学生则把这视为一项至高的荣誉，他们说："刘老师不仅陪我们做作业、聊天、玩游

戏，还会给我们带一些好吃的。"那时候学校保安说，这学校最负责任的就是刘老师，而且每天最晚离开学校。

五、万字反思——山重水复疑无路，柳暗花明又一村

教师的专业追求、探索、提升都要靠不断反思。我坚持用键盘反思，留驻美丽人生。多年下来，我的学习反思日记早已写了好几十万字。每日我必这样六问自己：今天干了什么？怎么干的？干得怎么样？明天我该干什么？怎么干？预期结果什么样？这样做前思、做后想的习惯虽让我付出了汗水，但也拥有了智慧。

我给大家呈现一些反思片段。

2006 年 9 月 27 日　周三

今天我很开心！因为我得到了教授的表扬！

澎澎姥姥是大学教授，以前总觉得她看不起小学老师，常爱给我讲大道理。今天，她来接孩子，一进教室，就夸我："刘老师真不错，写得一手好字。字如其人，您的教学能力也一定很棒。佩服佩服！"然后还跟着我一起做值日……

2011 年 8 月 31 日　周三

今天学生返校，我值班。昨晚几乎一晚没睡，两次运来新桌椅，直到天亮才干完。明天下午电视台要采访我，我还没有想好怎么表达。但我始终做到了：家里的、自己的事再大也是小事；工作的事情，再小也是大事，它关系到 40 个孩子，40 个家庭，影响很大。我真的就是这么想的，也是这么做的……

2021 年 5 月 19 日　周三
做一个让人喜欢的教育者

今天下午的李凯教授，历史学博士，带给大家全新的感觉——没听够，意犹未尽……大家都很佩服他，风趣幽默，口若悬河，真实洒脱，滔滔不绝，妙语连珠，语速极快，思维跳跃性极强，课堂故事性强，曾经主讲过"百家讲堂"的学者，的确不一样。

课堂小记：特别是对《诗经》第一章的解读……对《西游记》中女儿国一段的解读……对《红楼梦》贾宝玉和林黛玉表白的情节的再现……这些幽默的故事，独特而难忘。整个下午气氛热烈，没有人不被吸引。

由此，我觉得作为教育人，一定要做一个会讲故事的人，特别是做个会讲故事的校长，这是我今天的启发之一。

做一个率真的校长，是我今天的启发之二。作为新时代的教育人，不管从事什么岗位，做什么工作，虽然教师地位在不断提高，但压力也在与日俱增，所

以，一定要做个内心充满阳光，能带给团队快乐的人。要用自己的真情、实意、灿烂、向上、幽默，引领团队昂扬奋进。

还有一点儿体会：不得不说，学习、经历、环境、圈子会让你有不一样的人生轨迹。北师大真是才子的聚集地，这里人杰地灵。周边有北邮、北交大，旁边有师大二附中，据说纪连海教授在那里任教。与名人对话，有高人指路，多么重要。

27年的风雨兼程，真是感慨万千，一个人的成长经历是复杂的，我觉得自己是幸运的。当然，感谢我的父母、我的老师、我的同事、我的每一任领导，感谢共产党、感谢教委。未来，不管前路如何，我始终会继续忘我工作，甘为教育沃土谱芬芳，声声写尽师者情。

《中国教师报》伴我成长

北京市顺义区李桥中心小学校　刘秀清

总有人问我喜欢看什么书、读什么报,如何充实和积淀自己,才能成为出色的语文教师?每到此时,都觉得很惭愧:自己何尝不是常有"书到用时方恨少"的遗憾呢?为了"腹有诗书气自华",我努力坚持有空就读书读报,开卷就会受益。读书学习于我而言,就是每日工作与生活中最快活的瞬间。

人们常说:"不充电,就不会放电",自己在这些年的工作中也有同感。当今时代是一个知识爆炸的时代,在学习型社会的背景下,唯有不断地充电,才不至于在历史的浪潮中落后。为此,学习应当成为我们每个人人生中的头等大事。

《中国教师报》是一份各家学校"家喻户晓"的报刊。那时的我,正处在个人发展的初期,求知若渴,课堂教学得到了领导和老师们的认可,在学校里已经小有名气,接下来,如何进一步发展,成为全区乃至全市的名师,正是学校与我制定的一个近期发展目标。一天,教研组长领来一份报纸,我一看,《中国教师报》,惊喜万分!这里有全国的优秀教师刊登的文章,我也要做中国好教师!于是,和《中国教师报》初次相识,我们便成为密不可分的好朋友。我字字认真阅读,从中学到了很多育人方法、教育理念。她像一束光芒照亮了我的成长之路,让我看到窗外的世界,听到外面的声音。

以往的课堂,我关注的是"教学内容",忽略的是"学生"。如今我心中想的更多的是学生的需求、学生的内心,学生要学什么,用什么方法让学生学会,面对不同的学生,该如何进行个性化的引导?有了这样的以生为本的理念,我的教学行为也随之发生了改变,我和《中国教师报》一起探索新时期语文教学规律,培养具有创新精神和实践能力的学生,以实现一个小学教师真正的、最大限度的价值。接下来我的语文课堂便越来越大气,理念越来越前沿,课堂如行云流水,浑然天成。

五年以后,我成长为一名市级骨干教师。随着教育素养的提升和教学经验的积淀,我开始迈进教育研究领地,边实践边探索。我从《中国教师报》上读到

《从内部打破是成长》，于是工作中，我自觉研究学生的认知特点，根据学生的心理特点，有针对性地开展教育教学工作。我常常反思：这道题我已经讲了三遍，有的学生还不会做，应该运用什么方法才能让他们学会？从不责怪学生，而是在否定自我中找到自己和学生发展的新起点。我把自己应对学生学习问题的成功举措撰写成案例，5篇教学策略发表在《小学语文课堂教学小策略》一书中，其中我执教主讲的10个小策略，总计60分钟的策略实录光盘随书发行。

《中国教师报》让我触摸到教育前线。"育人为本"是《教育规划纲要》提出的20字工作方针的核心，促进学生健康成长应是学校一切工作的出发点和落脚点。关爱学生，让每个学生快乐成长，是我追求的目标。作为班主任教师，我最大的希望是让每个学生都快乐学习，让班级生活给他们留下宝贵的财富。在我的课堂上，每个学生都是小主人，人人都有发言权，成绩永远不是衡量学生的唯一标准，师生一起品味书本人生，快乐成长，才是最关键的。平日里，我会为学生设计丰富多彩的课外活动，快乐身心。每个季节来临时，我都会带领学生走遍校园的角落，寻找季节的脚步。每个特殊的天气，我都会和学生一起感受异样的风采，接受大自然的恩赐。每个节日或有纪念意义的日子，我都会设计一项特殊的"作业"，安排学生体验生活、学会感恩，同时也满足学生们无限的求知欲。

不断学习、实践和反思帮助我在一个新的平台上起飞，使我的内涵更丰厚，教学理论更扎实，教学理念更科学先进，教学方法更适合学生。又过了三年，由于工作成绩突出，我被评为北京市经济技术创新标兵、北京市劳动模范，成为学校的中层，担起引领教师发展的重任。面对不同年龄、学科、特长的教师，我需要学习的东西也更多了。教师是学校的第一资源，拥有德才兼备的骨干教师群体，才能办出最好的学校，所以我校把骨干教师培养作为学校发展的根本大计来抓，重视对教师的继续教育，促进全体教师可持续发展。我认真分析自身的优势和我校教师队伍现状，在工作中切实发挥自己的骨干引领和示范作用，对教师的业务能力和教科研能力有明确的管理目标，对于不同阶段的教师都给予最真诚最及时的帮助。

《中国教师报》成了我的枕边刊，她教给我许多工作和人生的哲理，每次品读，总有一番滋味在心头。在读报的过程中，我记下读书摘记、读书随感，使用速记，以批注形式在报纸上记下体会。

但不管我走在怎样的路上，我都会让《中国教师报》陪伴着我，十五年来不离不弃，感谢她带给我的一切。多亏了这位良师益友，始终在默默指点着我、引领着我。她每个星期来看望我一次，给我带来智慧与光明，带来思考和启迪。如今，她已陪伴我度过了15个职业生涯。

向着明亮那方

北京市顺义区李桥中心小学校　肖启荣

说起我的教育故事，我想借用日本著名的儿童诗作家"金子美玲"写的一首诗，概括我从教至今的工作状态。

> 向着明亮那方，
> 向着明亮那方，
> 哪怕烧焦了翅膀，
> 也要飞向灯火闪烁的方向。
> 夜里的飞虫啊。
>
> 向着明亮那方，
> 向着明亮那方，
> 哪怕只是分寸的宽敞，
> 也要向着阳光照射的方向。
> 住在都会的孩子们啊。
>
> ——金子美玲《向着明亮那方》

自 2009 年参加工作至今，我就像这诗中的飞虫、孩子一般，向着明亮那方，在自己的小天地里，不断飞翔，不断拼搏。

一、艰苦环境中树立理想

还记得 2009 年那个炎炎夏日，我怀揣着对教育的憧憬，走进了怀柔区一所农村小学，也正是从这里，开始了我的教育之路。初入职场时，最怕的就是夜晚降临，偌大的学校仅我一人，到处黑漆漆一片，宿舍安装的全是简单的塑钢门窗，以至于我经常担心会被哪个坏人一脚踹开……记得在一次深夜，"咣"的一声巨响，把我从睡梦中惊醒，我立刻惊坐起来，打开手电一看，原来是房顶上的墙皮掉了下来，枕头边、被子上，全是白花花的墙皮，还险些砸在我的脸上。灯管的一头也耷拉了下来。我被吓得彻夜难眠,将手电筒开了一夜。就在这样艰苦的条件下,我开始了我的工作。

那一年我23岁,任三(1)班班主任、语文教师。虽然条件艰苦,但是非常幸运的是我遇到了一位如父如兄般的领导。一次恳切的入职谈话,为我树立了要成为一名成功的好老师的理想。他告诉我,什么是成功,把每一件小事做好了就是成功;什么是好老师,把课讲好了,把班带好了,就是一名好老师。这朴实的话语,打动了我,我在心底暗暗告诉自己,一定要做一名成功的好老师。

初登讲坛,不会讲课,不会管理班级,怎么办呢?我就向组长请教,向同组教师请教,还时不时地厚着脸皮地走进老教师课堂,实地取经。每次听课,我都异常认真,把教师课上的每一句话都记录在自己的听课本上;除此之外,我还向学校主任借来北京实验二小录制的语文优质课光盘,认真观摩。每次自己上课时,我就照猫画虎,依葫芦画瓢,就这样,我在跌跌撞撞中学会了讲课的基本环节。

也许是自己的用心打动了领导。有一天,教学的副校长突然出现在我的课堂上,我紧张得手足无措,还好每次上课前,我都会在头脑中演练一遍上课的情境。虽然那节课没有讲完,但却得到了领导的好评。从那以后,这位校长就经常走进我的语文课堂,和我一起探讨教学问题。那段时间,虽然很累,但却让我对语文教学有了更为深入的理解,也让我更加关注课堂、关注学生。

那个时候,虽然条件艰苦,信息不畅通,但是我从来没有放弃过进步的想法。实践中出现的一个个问题迫使我开始读书,《给生命涂上爱的底色》《给教师的100条建议》《新教育》《做一名有专业尊严的教师》等书籍,仿佛把我领入了另一个教学天地。从书中,我接触了一些前沿的教育理念,认识了朱永新、李镇西、魏书生、窦桂梅等名师,他们先进的教学理念让我佩服。除此之外,我还了解并参加了朱永新教授发起的新教育实验。那段时间,我经常登录"教育在线"论坛,和全国老师们一起讨论问题;每天在博客里记录自己的教育生活,还和我可爱的小娃们一起晨读、午诵、暮省,一起阅读、写诗。当我的二年级学生写出一首首精致的小诗时,我的喜悦与自豪感溢于言表。学生的进步,给了我无限的力量,装点了我的生活,那段日子也因此变得格外美好和闪闪发光。

上体育课时,我看到一束小小的羽毛。

我多么羡慕这束羽毛,因为,它能在天空飞舞。

我多么羡慕这束羽毛,因为,它有一个苗条的身材。

我多么羡慕这束羽毛,因为,它有一个每时每刻美好的、自由的世界。

——二年级 刘菲《羽毛》

就这样，在这个普通的不能再普通的农村学校里，我当了三年班主任，和学生度过了一段闪闪发光的日子，一段心无旁骛却自由奋斗的日子。这段经历，为我后来的发展积蓄了强大力量。

二、努力奋斗中追求专业发展

2012年，我调入李桥小学，来到这里，我才发现自己的不足与渺小。

记得刚开始带班没多久，我就赶上了第一届顺义区"临空杯"青年教师基本功大赛。这是我工作以来首次参加区级比赛，内心无比忐忑。在多年的学习和工作中，我从来都没允许自己落后。可那时的我经验尚浅，基本功又不扎实，要想崭露头角，真的很难，就在我如热锅上的蚂蚁急得团团转时，学校领导给我委派了一名指导教师——康维老师。学校贴心的举动，让我安心了不少。从那以后，我就经常"骚扰"康老师。课间操时间见到她时会追着聊几句，下班后也不管她有没有事，就把自己的教案发给她。记得有一次，我打开康老师给我批改后的教案，看见满满的红色批注，我的眼泪顿时流了下来，我被康老师打动了，被李小人真诚助人、追求卓越的品质打动了。在这样的大家庭中，我还有什么理由不拼尽自己的全力呢？从那以后，为了让自己的说课更加完美，我上网查阅资料、反复修改教案、一遍又一遍地演练自己的说课稿。天道酬勤，最终我取得了说课第一名的好成绩。那次比赛经历，不仅让我的基本功更加扎实，还让我感受到了团队的力量。

之后，我又有幸参加了北京市第一届"京教杯"的比赛。全区所有中小学只挑选了三四十位老师参加。我当时参赛的课题是《上善若水》。为了完成比赛，我查阅了大量《道德经》相关信息，购买了很多有关老子的书籍。但是，这么深奥的理论如何让小学生明白？该怎样推进课程进程呢？需要准备什么拓展资料……为了解决一个个难题，我常常通宵备课。一次次说课，一次次大改，让我精疲力竭。回家后，看着渴望与我玩一会儿的孩子，我几次想过不行就放弃吧！可回到学校之后，看到领导殷殷期望的眼神，看着"李小人"拼搏奋斗的模样，我怎能就此放弃。最终，我还是咬着牙坚持下来！皇天不负苦心人，我顺利通过了初赛，来到了说课阶段，并取得了比较理想的成绩。

现在想一想，虽然追求卓越的过程充满艰辛，但是只要坚定信念，努力坚持，一定可以成就更好的自己。

三、失败经历中汲取财富

每个人的一生不可能永远成功，能够在失败中吸取经验，也未尝不是一件好事。在成长的路上，一次失败的经历至今令我难忘。那是顺义区组织的成熟教师微课大赛。有过数次大赛经历的我面对区级比赛，信心十足。可是，三等奖的证书如一把利剑直插内心，巨大的心理落差让我难过了一段时间。"你不行，你干不好"这样的声音不断在我的脑海里回响。那段时间我不断否定自己，甚至有自暴自弃的想法，但是领导并没有放弃我，我的语文团队也没有否定我，他们无形之中给我的关怀，让我又重新审视自己。痛定思痛之后，我开始寻找自身原因：虽然学习了很多先进理念，但没有和课堂有效对接；虽然对尊重学生了然于心，但课堂却常常把学生抛诸脑后，自话自说……这次失败成了我一笔宝贵的人生财富，我的心慢慢沉静下来。从那以后，我开始深入思考课堂、思考学生，不再一味追求好看的课堂。我的课堂慢慢变得平静，虽然有的时候可能不太"好看"，但我和学生却异常喜欢。

四、身份转变后加速奔跑

2019年，我被任命为学校语文学科负责人。上任以来，我没有一刻忘记过同事们在我无助时给予的帮助、学校领导的暖心关怀。我在心里暗暗告诉自己，我要尽己之能，为学生和教师搭建更多平台，提供更多机会，让我们李小的教师和学生都能感受到语文学习的幸福与快乐。在这样的信念支撑下，我更加努力学习，加速奔跑。我一方面学习语文教学先进经验，一方面学习管理技巧，并将学习收获及时转化为实践。2019年，我设计了"漫游拼音王国"的活动，开启了学校新型评价教学模式；2020—2021学年度，我设计古诗考级、读书节、阅读擂台赛、阅读分享会等活动，掀起学校诵读古诗、读书热潮；创办李小阅读社、文学社，开展丰富多彩的读写活动，让学生语文素养逐渐提高；寒暑假，在校长的引领下，带领语文团队的伙伴阅读、写作、著书；每逢学校有教师参加大型比赛，我就组织团队教师一起帮忙、备课、奋战。我和教师们就这样肩并肩、手牵手，一同前行。渐渐地，我们的心连在了一起，我们的语文日子越来越精彩。

五、回到原点，再次出发

俗话说得好：在生命之中最快乐的是拼搏，而非成功，在生命之中最痛苦的是懒散，而非失败。在工作中，我一直把做好每一件事当成自己的目标，努力拼搏着，实现了自己的成长。在今后的工作中，我将用更加乐观、积极的心态面对工作中的每一件事，向着自己的目标，不断奔跑，拔节生长！

壮年辛苦终身事，莫向光阴惰寸功

北京市顺义区李桥中心小学校　吴瑞

2013年，我实现了自己的理想，成为了一名光荣的人民教师。回首过去的8年时光，我从一个初出茅庐的学生转变成此刻的教师，其中的兴奋、喜悦、迷茫、焦灼、无奈、振奋、收获如人饮水，冷暖自知。一路的成长离不开校领导的支持与指导，同事们的帮助和鼓励。

有位教育家说："真正的教育是用一棵树去摇动另一棵树，用一朵云去推动另一朵云，用一个灵魂去唤醒另一个灵魂"。教师要唤醒学生的灵魂，必须首先唤醒自己的灵魂，用智慧去启迪智慧，用精神铸造精神。

三年前，我加入了"刘秀清名师工作室"。在刘校长和工作室成员的影响下，我不断更新自己的教学理念，努力钻研业务，在执教能力上有了长足的进步。刘秀清校长作为顺义区小学语文的教学专家，时常走进我的课堂。大到一种理念的渗透，小到一种教法的呈现，全方面指引我的发展。

2020年，我有幸成为一名顺义区语文骨干教师，这是校领导和教师们对我的鼓励与肯定，但我心里明白，这是一种荣誉，更是一种责任和期望。肩负使命我不敢有丝毫懈怠，唯有努力成长、矢志前行，才能不负厚望。

作为一名语文教师，我的书包里每天都会装着这两本书：《语文课程标准》和《课程标准解析与教学指导》。《语文课程标准》中介绍了语文课程的目标与内容、实施建议等，是语文教学的第一手资料。当我看不懂时，我就会到《课程标准解析与教学指导》中比对、思考然后再回头看课标，就这样反复研读，渐求精进。

2019年，新版部编语文教材全面铺开，这对于教学经验并不丰富的我来说既是机遇又是挑战。为了更快、更精准地了解统编教材，我向孔老师借来了国培班上专家讲座的录音稿，几万字的内容我已字斟句酌不知道读了多少遍。通过学习，我对如何研读统编教材、使用教材中可能会遇到的问题、各年级间人文主题和语文要素的联系、教材中新增设的板块的作用都有了深入的理解。

疫情袭来的日子，学生不得不居家采取线上听课的形式学习，但同时，所有课程的优质课也都上线了。这些课程凝结了不知多少教研员和优秀教师的智慧和汗水，我将这些资源视若珍宝，常常在课前认真学习每一课时的内容，并且翔实记录每一个环节每一个知识点，并在旁边批注自己的想法。一节20分钟的课，边听、边想、边记往往需要一个多小时，但每个小时都是充实且快乐的。

除了自主学习，更多的进步来源于榜样的带动。这学期，我继续在刘校长的名师工作室、孔凡艳老师的劳模工作室和魏淑媛老师的骨干教师工作室学习。除了刘校长的帮助，教研员的指导也让我有了跨越式的成长。常常跟着孔老师备课到深夜甚至凌晨，有时真的觉得很累，却根本不好意思说出口，因为对于孔老师来说，这样的工作状态就是常态。魏老师的指导和帮助对于我的习作教学能力助力匪浅。

本学期，在孔老师的推荐和指导下，我被北京师范大学中国基础教育质量监测协同创新中心聘为"中小学语文统编教材资源开发"项目实施专家，并承担了《记金华的双龙洞》《竹节人》《鲁滨逊漂流记》《那个星期天》四节课共八课时的录制任务。

在日常教学中，为了培养学生的阅读习惯，我在开学之初，就会布置好本学期的基础阅读任务，并且和学生同读这些书，在学期中和学生讨论书中的情节、人物等。每到这时，学生就像和我聊起他们喜欢的电影或动画片那样，滔滔不绝、乐此不疲。我力求让学生阅读时轻装上阵，每天只在班级分享群中打卡即可，他们在这样的氛围中快乐地阅读，且已经坚持了好几年。

成长的路上纵然崎岖坎坷，但每一步都落得坚实，留下一串清晰的足迹。

我的语文教学"三部曲"

北京市顺义区李桥中心小学校　田秀娟

"人生为一大事来",这是陶行知先生的名言。我常常想,我今生之"大事"是什么?教了20年小学语文的我,从糊涂到自觉,从职业到事业,从感性到理性,追寻语文教学之道成了我今生不变的情怀,做个优秀语文教师成为我今生最持久的追求。这些年来,在语文教学的道路上曾经发生一些故事,促进了我的成长,愿意分享给大家听。

我的"第一部曲":学习促成长

自1997年毕业到2009年,我自认为教学很平淡,教学成绩也很不理想。2009年9月,我参加了北京市农村骨干教师培训,脱产学习半年。我的研修基地是北京海淀实验小学,带我的是这个学校的市骨干教师李静,当时她40多岁。李老师上课很认真,很敬业,她每天都认真备课,不是因为有我们学员,我觉得这就是她的常态。当她觉得备的课不错时,她会主动请她们同年级组的教师来听,然后互相切磋。这在当时给我的触动挺大的,没想到这里的教师这么敬业。我每天都听她的课,不管什么课,新授、练习、习作等,她的课堂上每个细小的环节的处理,我全看在眼里、记在心里。现在想想,还是很感激她的。在这半年里,我完成60余篇听课笔记、32篇反思、32篇读书笔记。在这次培训中,我的业务提升得很快。下一期,李莉老师外出培训,我来带她的班级。她的班级是一个很优秀的班级,考试总是名列前茅。当我知道接班的消息后,压力还是蛮大的。不过,实践证明,那一学期的期末成绩,也是名列前茅,我知道我成长了!

此后,我很珍惜每次的学习机会,不管是在上班时间,还是寒暑假、周六日,只要让我去,绝不推辞,也有很多时候,不让我去,我也向领导争取学习的机会。现在,我不仅仅局限于培训,借阅或自己掏钱购买相关的理论书籍,摘抄笔记,关注微信公众号"小学语文名师""中小学生写作""十点读书"等,观看"北京数字学校""一师一优"的优质课等。除了这些,为了丰富自己阅读,我还读了《水浒传》《三国演义》《茶花女》《小王子》《宝葫芦的秘密》……

慢慢地积累的经验多了，自己的教学能力提高了，自己的教育视角也打开了，自己也就成长了……

我的"第二部曲"：做课锻炼人

2006年9月，我上了第一节研究课《可爱的鼠狐猴》。在上这节课前，写教案、上课可谓是一塌糊涂。自己的教案改了不下十遍，课试讲五六遍觉得还不行，灰心的我说，"不行，这节研究课我上不了"，当时的心情也跌到谷底。好在有闫老师的耐心指导，有学校教师们的帮助，其中对我帮助最大的是康维老师，在这还要说声谢谢。在那样的情况下，自己咬牙还是把课上了下来。后来，自己鼓足勇气再次上研究课，依然是很辛苦地改教案、不断地试讲，不知道自己熬了多少个通宵。就是在这痛苦的煎熬中，慢慢地我发现，自己在不经意间就成长了。

我知道我不聪明，但是我敢于承担、敢于尝试。我曾承担区级研究课、骨干培训班展示课、学校科研课题的展示课、文化传统课、课程整合等多种类型的研究课，其中两节"爱的奇迹""天鹅的故事"被评为"一师一优课的省级课"，所做课的教学设计，都在不同的活动评比中获奖。

做课的过程是先苦后甜的，也是自己破茧成蝶的过程。

我的"第三部曲"：心态成就事业

心态决定行为，行为决定习惯；习惯决定性格，性格决定命运；拥有好的人生从心态开始……

1. 改变心态，上好每一节课。

一直以来，我认为在生活上，我是一个乐观、阳光的人，喜欢打球、登山、旅游、滑雪、种花、听音乐，兴趣广泛；在工作上，我一直是积极上进的，但不免也有心理不平衡、烦躁的时候。有一天和先生闲聊天，他给我讲了一个故事，改变了我的心态。这个故事是他从收音机里听来的。他说，在外国有一个年轻的小伙子，自己开公司，他赚钱后，就把公司卖了，然后，到非洲很贫困的地方做教育工作。后来，他到了中国的贵州，一待就是十多年。在这期间，他在一所小学任教，教孩子们音乐、英文、数学等，身兼数科，把自己的全部都献给了那里的孩子。他说，一个外国人对待我们的教育是那样的付出，他图什么呢？这个故事，虽然我复述得不够精彩，但是故事中的外国小伙子的所作所为，确实打动了我。作为一名中国人、一名教师，我于情于理都应该为学生真心付出。从此，我真正地踏实下心来研究语文，精心备课，认真讲好每一节课，让学生在每一节课中都有收获，让他们在每一节课中都能成长。我不求回报，不期望像那个外国的小伙子那样伟大，只求在平凡中做好自己的事情。

今年，新接手一年级。在上学期末，我们班有一半的学生得了流感，一个多星期没来上课复习，也有很多学生在考试当天才复课，我很担心他们的成绩。当时，新来的刘校长说，放心吧，别担心成绩，肯定错不了。考完试，我们班语文成绩名列前茅，我想，这也许就是我平时认真上课的结果吧！

2. 倾注爱心，让每一个学生体验成功。

2013年9月，我接手一个四年级班。在这个班里，有一个特殊的学生叫小吴，他患有唐氏综合征，是小脑萎缩者，智力不言而喻。在我接手前，这个孩子经常不在课堂上，在楼道里玩，什么都不会，对读书、写字不感兴趣。这样的孩子，我们就放弃了吗？我觉得他也应该享有学习的权利，应该让他体验成功，和其他孩子一样，享受阳光的温暖。他不会拿笔，更不会写字，所写的每一笔，没有一横一竖是直的。在讲课之余，我走到他身边，从握笔开始，手把手教他写字。起初，他的每一个字不是"丢胳膊"，就是"缺腿"，像柴火垛，而且不会在田字格中书写。后来，我每天教他写一个字，从最简单的开始，从不烦，他不会了，就手把手教，渐渐地他能在田字格里写了，最后都能在大练习本的两条线里写了。这还不是让我最高兴的，让我最高兴的是三年后他对汉字有了兴趣，有时候，他拿着他的家庭作业本，来到我面前煞有介事地说："田老师，看！这是我昨天写的。"那时的他一脸自豪感。三年里，他认识了很多汉字，能够读一些简单的小文章了。人生路漫漫，希望能够借助阅读为他小小的世界打开一扇窗，作为他的老师，我的内心是多么的幸福。

为人民服务是共产党员的宗旨。我作为一名语文教师兼班主任，服务好我的学生，肯付出，不求回报，才能感受到教育中的幸福。

我的语文教学生涯暂时只有这三部曲，在以后的语文道路上，我相信还会有"四部曲""五部曲""六部曲"……我的故事不精彩，但激励着我前行。

风雨兼程　一路向前

北京市顺义区李桥中心小学校　董光利

1994年，我毕业参加工作，那时的我年轻，干劲儿十足。在经历了两三年的磨炼后，1997年，我在顺义区完全小学评优课中斩获一等奖，这次经历既让我坚定了信念，也让我对未来工作更加充满信心。

接下来的几年，我开始沉下来努力学习，先后参加了多次骨干教师培训，执教区级研究课，从写反思到撰写小案例，再到发现工作中的问题，想办法解决问题后的总结，慢慢地，我发现在这条语文教学研究的道路上，我的路越来越宽广。

这些年来，我先后多次被评为顺义区语文骨干教师，这对我来说是肯定，是鼓励，更是冲锋的号角。在这些年里，我始终坚持认真学习，踏实工作，以"一切为了学生，为了学生的一切"为信条，爱生如子，严遵师德，充分履行教师职责，发挥骨干教师的引领作用。

我担任班主任工作近三十年。众所周知，班主任工作庞杂烦琐，十分辛苦。我每天几乎长在教室里，与学生打成一片，让每个学生成为班级的主人，告诉他们要对自己的未来负责，成为学习的主人。因此，2017年9月，我所教班级被评为顺义区优秀少先队；2018年9月，我被评为顺义区师德标兵；2019年5月，我被评为顺义区优秀班主任。

好好学习是一个学生的本分，而严谨治学是一个教师的本分。要想上好课，首先必须备好课，因为我知道，即使教材没变，只要学生变了，就意味着教学设计需要修改，因为我们所做的一切都是为了学生的成长。我对每一节课都十分重视，这些课对于我而言只是职业生涯中千百次上课中的一次而已，而对于学生来说，则是学生们小学生涯中，在这个阶段学习这部分知识时唯一的一次课。

为了助力学生阅读能力的提升，我带领他们读了一本又一本书，《城南旧事》《草房子》《西游记》《三国演义》《水浒传》等，在阅读中，积累了丰富的语言，拓宽了他们的视野。到了六年级时，这些从书中汲取的营养，在学生身上发挥了极大的作用，他们还在写作上进行了积极的运用，研究课"习作教学指导——我们的足迹"就是这样应运而生的。他们在"六一"儿童节后跟我吐槽，希望按自己的想法过节，于是"我想这样过"六一""的课程悄然生成。而"创意写作——我的动物家族"这节研究课则是在我们读完《水浒传》之后有的想法。功夫不负苦心人，学生的语文能力提升很快，在各方面取得了优异的成绩：2017年6月，我所教班级获得四年级语文质量评价优秀奖；2018年6月，我获得五年级语文能力展示优秀指导奖；2019年7月，我的班级获得六年级语文质量评价优秀奖；2019年8月，我指导学生参加征文比赛，荣获"我为祖国点赞"征文指导一等奖；2019年11月，我再次荣获顺义区新时代好少年主题教育读书演讲比赛指导二等奖。

我不仅想做擅长语文学科教学的能手，还想做学科教学的研究者，还要做新课程教学的实践者，做课程资源的自觉开发者和引进者。要想对语文学科教学进行深入研究，必须要有科研方向做引领。我一直参与我校多项课题的研究，并在研究中发挥自己的优势，撰写论文、执教研究课等。我参与"依托习作实践，培养小学生创意表达能力的研究"课题的研究，主讲"我想这样过六一"获北京市第二届科研课题研究课评比三等奖；参与"小学语文主题阅读的教学实践的研究"课题的研究，论文《小学高年级语文阅读与文化欣赏的研究》在第二届年会优秀科研成果评审中荣获教研论文类二等奖；参与"小学语文传统与现代共生的实践研究"课题的研究，在"十三五"科研课题"中华优秀传统文化与现代语文课堂教学实践研究"第二届年会举办的论坛上做"从文本阅读走向文化欣赏"的主题发言；在"十三五"科研课题第二届年会举办的语文教师基本功大赛中荣获诵读书法组一等奖，荣获写作组二等奖；参与"the All-in-One Courses of Top Air 翼向天开全景课程"课题的研究，执教现场课一节，做课题研究让我的理论水平有了飞速提升，对教学工作的认识由浅入深，由关注局部到关注整体。近年来，我还撰写了一些论文作为学习和实践的收获。论文《品读课内传统文化，传承优秀文化思想》《运用实践，巧妙迁移，促进习作走上新台阶》《浅谈小学语文课阅读与写作的相互作用》《怎样在课内传承优秀文化思想》《品读水浒故事，趣写动物家族》《浅谈小学语文课内外阅读对写作的促进作用》先后荣获国家及市区级奖项，其中《浅谈小学语文课内外阅读对写作的促进作用》一文发表在《语文导报》2019年7月30日第7期第3版上。

另外，我还先后指导了吴瑞、米旭、刘海燕、李铮等几位教师撰写教学设计，执教现场课，参加说课比赛及成熟教师基本功赛课等，都取得了十分优异的成绩。

扬帆正启航　奋斗正当时

北京市顺义区李桥中心小学校　李书嘉

作为一名小学语文骨干教师,在工作中,我坚持以学生为主体,以课堂教学为"主阵地"。在新课程改革的引领下,我积极参与学校的各项科研、教研工作,把创新作为教科研的主旋律;不断更新教学观念,转变教学方式,发掘学生的潜在能量,使课堂充满活力。

在努力成为一名优秀语文教师的过程中,我充满着迷茫与困难,就像苏轼在《题西林壁》中所写"不识庐山真面目,只缘身在此山中"。教育初期的我像是在充满迷雾的山中,面对的一切都是未知的,我只局限于眼前的所见所学,缺少了登高望远的精神。而"望远"的契机,是在我的第一次公开课后。

一、加强自身修养,提升科研能力

2015年的冬天,我第一次准备公开课。一遍又一遍地修改、一次又一次地试讲,前前后后磨课一个多月。到了上课的那天,把早已记得滚瓜烂熟的教案在班里讲了一遍,正当我信心满满,自认为很不错的时候,学校苏老师的提问瞬间把我打回原形。在这堂课结束之后,他随机叫了一个班里的学生,让他把这篇课文读一遍,他读得并不是很流畅,甚至还有多字少字的情况出现。在评课时,苏老师就对我说,评定这一堂课的标准应该是学生们对于知识的吸收程度,对于低年级学生来说,如果一节课的读书量不够,再好的设计也不能称之为一堂好课。就是这样一番话,让我的内心深受触动。同时也让我意识到,我现在的水平是多么的不足,我的理论知识是多么的匮乏。从那以后,我在每一节课上都会留出充分的时间让学生们读,而我也从那时开始在工作中坚持阅读专业书籍、收集先进的教学理论和案例,不断更新自己的教育理念。

首先,加强理论学习是提升教师科研能力最直接的方式,只有让知识不断积累、思想与时俱进,才能更好地为教育教学服务。其次,在工作中我能积极、主动地参加各种培训学习,跟随工作室成员在现场观摩名师课堂,聆听专家教学思想，参加学术论坛，接触最先进的语文教育理念。这为我在以后的语文课堂教学上，打下了很好的基础，坚定了我要追随名师的脚步和不断向前努力的决心。

为了加强业务水平，我还积极参与了各项科研课题的研究，借助课题提升自己的教学能力。通过这些努力，我在工作中越来越顺手，也对语文教学的概念有了更深层次的理解，更加重视科研的重要性，了解到它产生的巨大能量，拓宽自身知识面。

二、顺应课程改革，不断反思进取

让我有了第二次改变的是参加青年教师基本功比赛，从第一轮的粉笔字，到最后的现场讲课；从学期开始，到学期结束；从一个人，到一群人。在这段时间里我感慨、我进步，我有了努力争夺第一的决心，我见识到了李桥中心小学校语文团队的团结与付出。在比赛最后的阶段，需要在一周内备出一节课，课的内容是抽签决定，我抽到的是人教版二年级上册的《一分钟》，比赛的难度在于平时我们接触的都是北京版的教材，身边没有可以借鉴的优秀教案。再者我们要到别的学校面对完全陌生的学生，用二年级的教材，给一年级的学生上课。到底怎样设计教案才能让一年级的学生接受这样一节课的内容？在有限的时间内设计哪些有趣的环节来吸引完全没有见过面的这群学生呢？一连串的问题让我想要放弃，但在身边领导和语文团队老师的激励下，我重拾了信心，快速完成了初版教案，马上试讲、评课。晚上回家接着修改教案，第二天回来继续试讲、评课。我每天都是最晚离开学校，就这样循环过了一周。感谢陪伴我的肖启荣老师、康维主任和吴瑞老师，在这高强度的一周里，正是有他们的陪伴我才能坚持下来，最后取得一等奖的好成绩。

这样一周高压工作的状态，让我感受到了工作带给我精神上的充实，不仅让我的业务水平上升了一个层次，也让我的精神得到了升华。比赛过后，我好像更加热爱这个工作，热爱我生活的这个集体。从那以后，在工作中我会把握住每一次来之不易的机会，积极参加各项比赛，不断提高自己的专业水平。在比赛过程中我磨炼自己的意志，让自己成为更加优秀的教育人。在深化课堂教学改革中，我练"内功"，重实践，认真钻研教材、教参，找准重点、难点，运用多种教学方法，从学生的实际出发，以巧妙的设疑和点拨来激发学生的创造性思维。经过不断的努力，我所执教的"棉花姑娘""黄山奇石""我们的学校"等八节课程获得全国、北京市及区县的各项荣誉证书。我参加刘秀清骨干工作室，并在工作室开放型课程建设活动中积极参与，为其他教师献上公开课、观摩课等。我撰写的论文共 10 余篇获奖，参与编写《语文的世界》一书，《全景手册》两本书，还曾作为优秀教师代表在北京师范大学进行发言。

在课程教学方面，为了适应课改的大背景，我积极参与课改活动和教研活动。语文部编版教材的使用，促进我注重传承与创新，顺应语文双线教学，引导学生主动探究，大胆质疑，把教学过程变成一种师生平等交流，共同研究的互动互促过程，达到"知识与能力""过程与方法""情感、态度与价值观"三个维度的有机统一，并尝试学科之间的课程融合，使语文与其他学科相结合，让学生们越来越喜欢课堂，课堂活动更加丰富精彩。

在提升自己水平的同时，我还特别关注"学习共同体"，加强与校内、组内教师的交流、学习。我会利用教研组每次的"教研课堂"活动，和大家一起评课、议课，探索教学工作的新思路、新方法。我还不断学习别人的优点，克服自己的不足，并帮助青年教师共同进步，与学校语文团队一起策马扬鞭，努力奋斗。

三、关注学生发展，师生共同进步

想要做一名优秀的教师，不仅要关注语文学科的教研活动提升自己的教学水平，还要时刻重视学生本身能力的提高和素质的养成。

经过我不断地努力，我所带班级的学生成绩优秀，我被学校评为优秀教师，我的班级获得了顺义区先进班集体荣誉称号。同时，我承担了 18 年全区素质展示的语文辅导工作，取得了优秀的成绩，还辅导 11 名学生获奖，国家级 6 名、市级 5 名，我也被评为优秀指导教师。

我所教班级的学生还积极参加学校各项活动，在学校阅读社、初荷文学社，学生们都有自己的收获。我还会利用每天中午休息的时间，带领学生一起阅读，让他们从小学就养成热爱阅读的习惯。在学生出现问题时，我也会带着他们从阅读中寻找解决的办法。我所带班级学习氛围浓厚，学生知识储备量大，思维也很活跃。

我的教师之路还在继续。在学习中成长，在成长中实践。我认为教师不仅要具备高尚的师德，还要有坚实的专业知识，这是我们从事教学工作的基础。在以后的工作中，我会继续加强自身的学习，利用各种形式广泛收集课程资源信息，认真向课程专家团队和同行学习，不断提高自己的专业能力和业务素质，以胜任自己的教学工作。我还要进一步关注学生的主体地位，实现学生的素养发展和教学成绩的双赢。

让我们在教师的道路上，以梦为马，一直前行吧！

在工作中辛勤付出　　在进取中超越自我

首都师范大学附属顺义实验小学　何赛

寒来暑往，春去秋来，不知不觉已在这三尺讲台上度过了九个年头。回首这九年的工作历程，我不禁感叹岁月如梭；回忆这九年的生活点滴，我更加感叹教师这个职业的幸福与光荣。

九年，我在摸索中找准了定位

初上讲台时，看着眼前活泼可爱的学生，我总在想：如何树立自己的"师道尊严"。于是，每天走进教室，我便故意板起脸，努力成为一名让学生敬畏的老师。可是一段时间下来，"敬"没有得到，"畏"确实不少。最常见的情况就是学生本来玩得开开心心，一看到我便悄悄回到座位，童真不见了，取而代之的是他们的不知所措。静心审视，难道这就是我想要的吗？我的满腔热情，我的雄心壮志就要这样消磨吗？当然不是！

在我为此苦恼之时，身边的老教师告诉我："亲其师，信其道"，这里边是有学问的——学生若是不喜欢你，怎能尊敬你、爱上你的课呢？一语点醒梦中人，我应该回归自己的本色，形成自己的风格，做一个真正让学生喜欢的老师。

我每天早早来到学校和学生一起晨读，共同迎接美好的一天。我利用自身朗读的特色，在班内开展"最美声音"活动，每天利用课前两分钟，为学生送上一段朗读，不仅在课前吸引了他们的注意力，也让他们对我有了更深入的了解和认识。不仅如此，每周我们还会开展一次"阅读下午茶"课程，师生利用这节课自主阅读、集体分享、共同讨论。学生渐渐地爱上了阅读，我也在逐渐摸索中找到了自己的定位与价值。

九年，我在磨炼中树立了自信

还记得第一次承担区级研究课任务时，我是多么的开心，可是经历了一次试讲便完全丧失了信心。撰写教案太难了，我常为设计不出"亮点"而发愁。

在领导和教研员的帮助和鼓励之下,我逐渐认识到了自己的不足,找到了努力的方向。在接下来的日子中,我会把握每一次市、区级研究课的机会,在不断实践、不断创新过程中,我真正懂得了什么是心中有教材、心中有学生;"亮点"不是设计出来的,而是精彩的课堂生成的。

在不懈努力之下,我也取得了一些成绩。

【国家级】

2016年,我参加全国语文教师教学基本功大赛,荣获一等奖。

2016年,我撰写的《"少教多学"构建生命课堂》在中国高等教育学会教师教育分会"十三五"重点科研课题"中华优秀传统文化与现代语文课堂教学实践研究"第一届年会举办的优秀科研成果评审中,荣获教研论文类二等奖。

2017年5月,我被评为中国高等教育学会教师教育分会"十三五"重点科研课题"中华优秀传统文化与现代语文课堂教学实践研究"实验教师。

2017年12月,我撰写的《汉字中的中华传统文化》在高等教育学会教师教育分会"十三五"重点科研课题"中华优秀传统文化与现代语文课堂教学实践研究"第一届年会举办的优秀科研成果评审中,荣获教研论文类二等奖。

【市级】

2015年8月,我撰写的论文《从文化入手 感受汉字的魅力》荣获北京市第七届"京研杯"教育教学研究成果二等奖。

2016年,我在北京市语文现代研究会上发表主题演讲。

2018年,我承担市级研究课,执教阅读课"树和喜鹊"深受好评。

2016年11月,我撰写的论文《浅谈创新"阅读教学情境"的重要性》荣获北京市小学语文教师"小学语文教学与现代化"论文特等奖。

2018年4月,我撰写的《从观察入手 培养学生童话写作兴趣》在北京市小学语文教师"聚焦核心素养,提升语文能力"论文评比中,荣获三等奖。

2021年6月,我辅导学生在首都师范大学语文报刊社《语文导报》组织的全国中小学生"研学实践,书香万里"专题征文中取得优异成绩,荣获指导教师一等奖。

【区级】

2016年7月,我获得2016年二年级语文学科质量评价优秀奖。

2017年6月,我在顺义区小学三年级学生语文实践能力展示活动中获得优秀指导奖。

2017年6月,我在顺义区"临空杯"青年教师基本功展示活动中,获得语文学科一等奖。

2017 年，我承担了小学语文学科区级讲座。

2017 年 12 月，我荣获顺义区中小学、幼儿园老师演讲、朗诵比赛第三名。

2018 年，我承担了小学语文学科区级讲座。

2019 年，我获得二年级数学学科质量评价优秀奖。

自信，不是与生俱来的，它是在无数的挑战与锤炼中磨砺出来的！

九年，我在付出中懂得了教育

九年来，虽工作繁杂，但我不敢懈怠，唯恐有负家长和学生。为能正确高效地传授知识，上好每一节课，我常常在夜深人静时伏案奋笔，为一词一字苦琢苦磨。虽然辛苦，但我精神振奋，从一点一滴中感受着收获的乐趣，感受着自身价值的存在。同时我又深知闭门造车不可取，必须多方面吸收养料方能使自己进步，于是我进修了专科和本科课程，并坚持阅读《小学语文教师》等书籍刊物，认真做好几万字的读书笔记。除此之外，我还坚持与学生一起写作业——每天一篇钢笔字、每周一篇教学（或生活）随笔，既锤炼了基本功又积累了大量素材。为给学生做好表率，我还坚持学生写作文时自己当堂写下水文，学生背课文时自己先正确背诵，通过这些做法不但起到了一定的示范作用，更较大程度地激发了学生的学习兴趣。

为了能更好地完成工作，多年来我积极学习，认真反思，阅读了大量的教学、课改、管理方面的书籍和报刊，并努力提升自己的四种能力（教育教学管理能力、制度制定落实能力、人际关系协调能力、理论学习研究能力），不断改进，争取做更好的自己。

九年过去了，我的教育之路还很长，我需要机会来证明自己，需要时间来积累提升自己，更需要批评指正来鞭策自己。今后我仍会在不断进取中修炼，在修炼中反思，让自己未来的职业生涯充满阳光和希望！

越努力　越有收获

北京市顺义区裕龙小学　关金如

语文教学，它如雪如雨，滋养了每一片热土，滋润了每一段深情；语文教学，它似星辰大海，斗转星移之间，将历史定格为永恒。伴随着学生成长的足迹，咀嚼着埋藏在心底的记忆，在记忆的河流中流淌着我的语文教学故事。

一、努力学习，腹有诗书

为给学生"一滴水"，自己要有一眼清泉，只有这样才能尽职尽责，教好学生。2012年9月，我担任了五年级的作文课和新芽文学社辅导员的工作。

单要教学生写作文，没有教材，没有太多的经验，我有些茫然不知所措。学习是我开启作文教学之路的金钥匙。我在书店、网上买了几本比较中意的作文书。黄波老师的《小学作文教学设计方案53例》，管建刚老师《我的作文教学课例》，给了我很大的启发。看了陈延军、窦桂梅老师的课，让我在作文教学中有了方向。另外，我还经常观看数字学校名师的作文课，利用课余时间，大量阅读相关书籍、勤练教学基本功。我还和学生一起读课外书，一起背诵古诗。亲近学生，和他们一起学习是我上好作文课的一个法宝。

二、潜心研究，桃李芬芳

（一）让阅读成为写作的一条捷径

苏轼曾说过："劳于读书，逸于作文。"杜甫也说："读书破万卷，下笔如有神。"古人还说："读书有三到——眼到、口到、手到。"这里说的阅读，是指认真阅读并活学活用，可见阅读是写作的实际途径，也是一条捷径。

我引导学生先认真阅读语文教材，把那些文质兼美的散文、短小精悍的诗歌烂熟于心，并定期开展诵读活动，使他们熟读成诵，受益无穷。其次，课外阅读必不可少，由一篇文章带动整本书的阅读。语文教材中有许多名家名篇或其中的节选片断，如《草船借箭》选自《三国演义》，《长征》选自《毛泽东诗词》，等等。在学习这些课文的前后，我帮助学生找到跟课文直接对应或间接有关的文章，并有目的、有计划地开展阅读活动。这样帮助能学生从更高的角度理解课文内容，这样，既可以加深对课文的理解，又可以领略名家的整体写作特色。学生阅读《小英雄雨来》《爱的教育》《童年》《鲁滨逊漂流记》《尼尔斯骑鹅旅行记》，手抄报、阅读笔记、读后感记录着他们阅读的成长。

学生有了大量的阅读经验，学习写作便水到渠成。

（二）积极上好每节课，向课堂要质量

课本上要求教学的所有知识、作文主题，我一遍一遍反复研究，然后指导学生完成，启发学生探索。同时，我还积极拓展课外知识，以阅读带动写作，丰富学生体验，扩大学生知识面。我充分保证课上 40 分钟的质量，带领着学生慢慢地敲开作文之门。我先教他们列提纲，提纲是作文内容的方向标，心中有了目标，落笔成文也就水到渠成。接下来，我教他们写作文的开头，再教写结尾，最后教写中间部分。同时，修改作文紧跟上，从一个标点、一个错别字、一句话改起，一篇文章一篇文章地引导着他们自评、他评，在写—评—改—写中，他们掌握了写作本领。

（三）以活动为载体，培养学生的写作兴趣

在领导的指导下，我拟定了文学社活动计划，并按照计划开展了丰富多彩的活动。在学校里我带学生寻找春天、放风筝、外出采风；策划《弟子规》诵读比赛、词语接龙比赛、诗歌创编等，学生乐在其中、学在其中。

另外，我还积极做好每次作文大赛的准备。接到作文大赛通知后，我先带学生明确大赛要求，讲解写作技巧，和他们一起选材、列提纲，构思作文框架，然后让他们独立完成自己的习作，通过自改、互改、教师提出修改意见再次修改，最后形成电子版的稿件。作文大赛使他们写作能力得到了充分的锻炼，他们互相激励、互相学习、共同进步、共同提高。

在这里，我看到了一个个激扬的语句，一篇篇美妙的文章，它们毫不保留地诠释着当代小学生内心深处的朝气、阳光、力量和拼搏精神。

学生在学习写作中找到了乐趣，享受着一次次成功的喜悦。他们的进步就是我前进的动力。我相信文学的种子会在他们的心里生根发芽，会成长为一棵棵参天大树，会连接成一片文学的森林。

三、工作成绩，可圈可点

（一）教师获奖

我在"少年梦中国梦"全国小学生中英文作文大赛中荣获"优秀园丁奖"并被授予"教学名师"称号；在"东方少年中国梦"第二届新创意中小学生作文大赛中荣获优秀指导教师奖；在顺义区文联、顺义作家协会组织的"东方少年中国梦"征文活动中荣获优秀指导教师奖；在顺义区小学语文实践能力展示活动中获得优秀指导奖；"学写想象作文"的录像课及教学设计获顺义区区级三等奖；在北京市小学语文教师"语文素养"大赛中荣获三等奖。

（二）学生获奖

作文发表类：国家级刊物有2篇，市级刊物有17篇，分别发表在北京日报、京郊日报；区级刊物有23篇，发表在《绿港文学》《教育动态》《顺义文艺》。

各级各类作文大赛获奖情况：国家级18篇，其中有8篇在北京市文学艺术界联合会、北京作家协会、东方少年杂志社组织的"东方少年中国梦"首届新创意中小学生作文大赛获奖，市级有10篇获奖，区级有4篇获奖。

回首过去，有付出的艰辛，也有收获的喜悦，面对鲜花和荣誉，我没有陶醉。细细品味着语文习作教学：它实现了童年的解放，它让语文学习永不停止地生长，它激活了儿童语言生命成长的秘密，让文字和故事从心灵深处奔腾而出。真正的写作，一定在技巧之上，它是一个厚积薄发的养成过程，它是师生彼此成就的桥梁。